DANTE E O ISLAM

Miguel Asín Palacios

Dante e o Islam

(versão editada e atualizada de)
A escatologia muçulmana na Divina Comédia

Prólogo, tradução e notas
Fernanda P. Mendes

ATTAR EDITORIAL
SÃO PAULO, 2025

Dante e o Islam

Prólogo e tradução: *Fernanda P. Mendes*
Revisão e preparação: *Malcon Clemenceau Lautenschlager Arriaga*
Capa e diagramação: *Silvana de Barros Panzoldo*
Supervisão: *Sergio Rizek*

Capa: Detalhe de "Retrato de Dante" (1495) - Sandro Botticelli

DADOS INTERNACIONAIS DE CATALOGAÇÃO NA PUBLICAÇÃO (CIP)
(CÂMARA BRASILEIRA DO LIVRO, SP, BRASIL)

Palacios, Miguel Asín
Dante e o Islam : a escatologia muçulmana na "Divina Comédia" / Miguel Asín Palacios ; prólogo, tradução e notas Fernanda P. Mendes. -- 1. ed. -- São Paulo : Attar Editorial, 2025.

Título original: Dante y el Islam : la escatologia musulmana en la Divina Comedia de Dante Alighieri..

ISBN 978-65-88776-03-2

Alighieri, Dante, 1265-1321 - Crítica e interpretação 2. Escatologia 3. Islamismo 4. Literatura comparada - Árabe e italiana 5. Literatura - História e crítica I. Mendes, Fernanda P. II. Título.

25-267262 CDD-809

Índices para catálogo sistemático:

1. Literatura comparada 809

Aline Graziele Benitez - Bibliotecária - CRB-1/3129

ATTAR EDITORIAL
rua Madre Mazzarello, 336 05454-040 - São Paulo - SP
fone: (11) 3021 2199 whatsapp: (11) 95040 3560
attar@attar.com.br www.attar.com.br

Detalhe de “La Commedia ilumina Firenze” (1465) - Domenico di Michelino

Sumário

Dante e o Islam segundo Helmi Nasr

Por Fernanda P. Mendes

Dante e o Islam é a tradução inédita ao português da "mais célebre obra de Miguel Asín Palacios e uma das poucas indiscutivelmente magistrais na erudição europeia"[1]. "Com esta obra, o eminente arabista e erudito espanhol introduziu no campo da literatura comparada europeia um tema extremamente fascinante e intrigante, cuja repercussão mundial foi imediata[2]".

O autor dessa entusiástica apresentação é Helmi Nasr (1922 – 2019), uma das mais destacadas personalidades da comunidade árabe e islâmica do Brasil, onde viveu entre 1962 e 2016, antes de regressar ao Egito, sua terra natal. Formado no Cairo, concluiu seus estudos de mestrado e doutorado na França. No Brasil, foi o responsável pela criação e desenvolvimento da Seção de Estudos Orientais da Universidade de São Paulo. Erudito, destacou-se também como

---

1. Nasr, Helmi. "A escatologia islâmica na Divina Comédia". In Pereira, Rosalie Helena de Souza (org.). O Islã Clássico: itinerários de uma cultura. São Paulo: Brasil: Editora Perspectiva, 2007, p. 834.
2. Ibid. p. 834. (ver também *In* Mendes, Fernanda P. (org.). Dante e Portugal: presenças lusas e andaluzas na Divina Comédia. Porto: Ascipda, 2021, pp. 25 – 67, pp. 29 – 30.)

canonista islâmico: em 2005, concluiu a tradução para o português do Corão (*Tradução do sentido do nobre Alcorão para a língua portuguesa*), reconhecida pela Liga Islâmica Mundial e revisada por especialistas portugueses, moçambicanos e de outros países lusófonos; também integrou o conselho para a revisão da tradução do Corão para o francês.

A análise de Nasr sobre a obra de Asín Palacios resultou em sua tese de livre-docência, apresentada em 1973 à Faculdade de Filosofia, Letras e Ciências Humanas da USP[3]. Trata-se de um dos trabalhos científicos de maior envergadura entre a abundante produção acadêmica internacional sobre a matéria, desde a publicação de *La Escatología,* em 1919. Efetivamente, ao longo do último século, a obra de Asín Palacios foi traduzida em diversos países e continua ganhando reedições, tanto da versão integral como a não comentada, mais sintética, reeditada por Urgoiti Editores, em 2007[4], a partir do original de 1927 da Ediciones Voluntad[5], que aqui publicamos. Escreveu Umberto Eco: "Está firmemente estabelecido que Dante foi influenciado por muitas fontes muçulmanas. Logo, a questão não é *se* Dante mergulhou nesses textos diretamente, mas sim *como* ele teve acesso a eles durante a Idade Média". Era o relançamento do livro na Itália, em dezembro de 2014[6], e Eco não só

3. Nasr, Helmi. *Teoria de Asin Palácios sobre a* Divina Comedia. Tese (Livre Docência) – Universidade de São Paulo, São Paulo, 1973.

4. Asín Palacios, Miguel. *Dante y el Islam.* Pamplona: Urgoiti Editores, 2007;

5. Asín Palacios, Miguel. *Dante y el Islam.* Madrid: Ediciones Voluntad, 1927. De fato, essa edição sem comentários secundários foi inicialmente publicada em inglês, em 1926.

6. Eco, Umberto. "Dante e o Islã" (trad. de George El Khouri Andolfato), UOL: 03/03/2015. Disponível em: https://noticias.uol.com.br/blogs-e-colunas/coluna/umberto-eco/2015/03/03/dante-e-o-isla.htm

atesta a legitimidade conquistada por Asín Palacios como recomenda a sua leitura como prova das relações que sempre uniram as culturas ocidental e islâmica.

Em meio ao amplo conjunto de estudos acadêmicos que validaram a tese de Palácios, não encontramos qualquer outro autor com as características de Helmi Nasr, nem mesmo entre os poucos árabes cujos trabalhos foram publicados em idiomas ocidentais. Trata-se, portanto, de uma contribuição única, surpreendentemente ainda pouco conhecida. Para colaborar na divulgação desse emblemático estudo, em homenagem aos 50 anos de sua tese de livre-docência – quase coincidente com o centenário do nascimento de seu autor, comemorado em 2022 –, a título de apresentação a *Dante e o Islam,* trazemos excertos editados de seu artigo *A Escatologia Islâmica na Divina Comédia*, de 2007, conforme as palavras do autor, um "resumo" de alguns pontos de sua Tese. A honra é toda nossa: afinal, até hoje, Nasr ainda é certamente o maior especialista no tema no mundo lusófono.

A Escatologia Islâmica na *Divina Comédia*, por Helmi Nasr[7]

A equânime e universal assertiva da originalidade da obra máxima do grande poeta florentino Dante Alighieri (1265-1321), a *Divina Comédia*, foi responsável por um sem-número de livros e tratados, desde a Idade Média até os nossos dias. Durante muito tempo, eruditos de todas as línguas sempre enalteceram esta obra como única no gênero, ímpar na criação. Contudo, no século XIX, pesquisadores e eruditos, seguindo o desenvolvimento do processo

7. Nasr, opus cit., 2007.

analítico do poema dantesco, amparados pelas então recentes descobertas documentais, trouxeram à luz certas teorias que, em alguns aspectos, pareciam contradizer a opinião geral e inatacável da originalidade absoluta da obra-prima de Dante. Estudiosos como Labite[8], Ozanam[9], D'Ancona[10] e Graf[11], descobriram no estudo aprofundado da *Divina Comédia* lendas escatológicas, tanto clássicas como cristãs, que, em meio à indignação geral, foram apresentadas como precursoras do grande poema dantesco.

A *Divina Comédia* era até então considerada, sem qualquer margem de discussão, uma obra original, já que nada de semelhante havia sido encontrado em lendas anteriores, cristãs ou não. Todavia, durante a primeira metade do século XX, a literatura comparada europeia voltou-se para a elucidação das polêmicas assertivas referidas pelos pesquisadores modernos como uma obra que, embora magistralmente composta por um gênio, conjugava uma série de antigas lendas relativas à vida futura. As conclusões mais audazes nasceram na Espanha, quando, no estudo da gênese do poema, chegou-se à proposição de que as fontes islâmicas, mais que as cristãs ou clássicas, já existiam como paradigmas de alguns elementos da obra de Dante e de muitas lendas medievais. Foi com Miguel Asín Palacios, o eminente arabista espanhol, que o estudo das influências

---

8. Labite, Charles. La Divine Comédie avant Dante, apud OEUVRES de Dante Alighieri. Paris, Charpentier, 1858, in NASR, opus cit., 2007, p. 831.
9. Ozanan, A.F.. Des Sources Poétiques de la Divine Comédie, apud Oeuvres Complètes d'Ozanan. Paris: Lecoffre, 1859. T.V., in NASR, opus cit., 2007, p. 831.
10. D'Ancona, Alessandro. *I Precursori di Dante*. Firenze: Sansoni, 1874, in NASR, opus cit., 2007, p. 831.
11. Graf, A.. *Miti, legende e superstizioni del Medioevo*. Torino: Loescher, 1892, in Nasr, opus cit., 2007, p. 831.

literárias escatológicas na obra de Dante alcançou o seu ápice. Em 1919, Asín Palacios publicou *La Escatologia musulmana en la Divina Comédia*, cuja temática atingiu o apogeu de toda uma série de trabalhos anteriores que a escola espanhola de arabistas vinha desenvolvendo, desde os tempos de Ribera[12], sobre as conexões entre o Islã e a cristandade ocidental.

Neste *La Escatologia musulmana*, Palacios defende a tese de que Dante, na criação de seu poema, foi muito influenciado pela escatologia islâmica e pelas decorrentes adaptações literárias da viagem de Muhammad ao além. No parecer do autor, a arquitetura dos reinos celeste e infernal e a própria narrativa da viagem ao além no poema dantesco têm sua fonte de inspiração nas tradições islâmicas. Esta tese causou escândalo no meio erudito europeu, e as réplicas a ela geraram a *História y Crítica de una Polémica*, que, acrescida de anexos elucidativos, acompanha o texto principal na publicação.

Acalmados os ânimos e finalmente aceita a descoberta de Asín Palacios, novas dúvidas, no entanto, surgiram entre os seus oponentes: questionava-se como teriam chegado a Dante as tradições islâmicas, a escatologia muçulmana e o relato da viagem de Muhammad ao além. Tivera Dante um conhecimento direto ou indireto dessas concepções? [...] Embora alguns defendessem e outros se opusessem à tese de Asín, isto é, a imitação por Dante dos temas escatológicos islâmicos, foi somente em 1947 – três anos após o falecimento de Asín e vinte e oito anos depois da publicação de sua polêmica obra – que se descobriu que os relatos árabes sobre a viagem de Muhammad às moradas do além já eram conhecidos no século XIII pela Europa cristã.

---

12. Julián Ribera y Tarragó (1858-1934), orientalista e iniciador do arabismo na Espanha.

A descoberta deu-se por outro eminente arabista espanhol, José Muñoz Sendino, que teve acesso a dois manuscritos[13] que provam a veracidade da tese de Asín Palacios. A importância dessa descoberta deve-se ao testemunho da transmissão das concepções islâmicas acerca do além para a Europa cristã desde 1264, quando, em Sevilha, a lenda da ascensão do Profeta aos céus e sua descida aos infernos foi pela primeira vez traduzida para uma língua ocidental. Quase na mesma época em que, em Florença, nascia Dante, Alfonso, o Sábio, encomendara a um judeu a tradução [do *Livro da Escada de Maomé*] para o espanhol que, no entanto, se perdeu. Buonaventura di Siena, um italiano que vivia na corte espanhola, verteu-a ao francês e ao latim.

[...] Sendino defende a ideia de que as partes principais e mais discutidas – para efeito de comparação entre a lenda e o poema –, que Asín extraiu das diversas redações, ou ciclos e das coletâneas canônicas dos *ahadith* do Profeta ou de seus mais eminentes exegetas, todas, ou quase todas, estão nesse texto; além do fato de haver nele também alguns elementos aos quais Asín não encontrou referência islâmica documentada. As semelhanças entre as descrições da topografia do céu, as visões apoteóticas do paraíso, a visão beatífica de Deus, os profetas distribuídos nas diversas esferas celestes[14], a águia gigantesca, as descrições de ventos e furacões, das pradarias

13. 1) Ms. Laud. Misc. 537 (Biblioteca Bodleiana de Oxford), que traz a versão francesa da lenda; 2) Cod. Lat. 6064 (Biblioteca Nacional de Paris), que traz a versão para o latim; há ainda um terceiro manuscrito, Cod. Lat. Vat. 4072 (Biblioteca Vaticana), com a versão para o latim, mas que, infelizmente, Sendino não pôde microfilmar, em função das dificuldades que a Europa pós-guerra enfrentava em 1946.

14. Asín acreditou que Dante emprestara de Ibn 'Arabî, do *Fûtûhat Al-Makkia*, a cena do artifício que este último apresenta ao fazer o teólogo ir ao encontro dos profetas que o acolhem e com ele conversam animadamente. Esta cena está completa no texto apresentado por Sendino.

ocultas que separam o purgatório do paraíso, as abluções que fazem os eleitos antes do ingresso no paraíso, a donzela belíssima que se encontra com o seu amado no paraíso, o paraíso apresentado como um jardim murado, e muitas mais analogias entre o poema e o *Livro da Escada*[15], justificam a ideia de Sendino sobre a irrelevância de recorrer a Ibn 'Arabî ou ao resto da imensa literatura que trata da escatologia islâmica, para estabelecer o elo, não encontrado por Asín, entre o poema de Dante e as concepções escatológicas islâmicas.

[...] No mesmo ano em que Sendino publica o resultado de suas pesquisas, outro importante livro veio à luz. Trata-se da obra do orientalista italiano Enrico Cerulli, *Il Libro della Scala e la questione delle fonti arabo-spagnole della Divina Comedia*[16]. Cerulli concorda com a dimensão grandiosa do estudo de Asín Palacios [...]; [seu] estudo se diferencia daquele de Sendino por trazer outros testemunhos do conhecimento e da difusão do *Livro da Escada* na literatura ocidental até o século XV. Apresenta, ainda, textos de autores medievais ocidentais, do século IX ao XIV, em que proliferam notícias sobre as tradições escatológicas islâmicas. [...] Com a descoberta dos manuscritos das versões latina e francesa do relato do *mi'raj* e com a demonstração da difusão das concepções escatológicas islâmicas na Europa medieval cristã, passa-se a aceitar, como fato, que Dante possa bem tê-las conhecido, ainda que desconhecesse a língua árabe. Cabe aqui a aguda observação de José Ortega y Gasset, de que

15. O episódio da escada do Templo de Jerusalém até o céu, que Asín tomara do Ms. 105 de Gayangos e de outros comentadores teológicos do Islã, é apresentado aqui integralmente no cap. V.

16. Cerulli, Enrico. *Il Libro della Scala e la questione delle fonti arabo-spagnole della Divina Comedia. Studi e Testi,* Città del Vaticano: Biblioteca Apostolica Vaticana, n. 150, 1949; id. *Nuove richerche sul Libro della Scala e la conoscenza dell'Islam in Ocidente. Studi e Testi,* Città del Vaticano: Biblioteca Apostolica Vaticana, n. 271, 1972.

"a Idade Média europeia não pode ser corretamente compreendida se a história daqueles séculos for centralizada na perspectiva exclusiva das sociedades cristãs" [17].

Cabe-nos aqui tecer algumas considerações – não exaustivas, porém –, sobre as conclusões de Asín quanto à influência das concepções escatológicas islâmicas na obra de Dante, segundo o levantamento de documentos por ele apresentados. A nosso ver, nem sempre o documento que o erudito espanhol denomina "escatológico" na literatura consultada corresponde às concepções islâmicas da vida futura. Palacios, quase obcecado pela ideia de "imitação" de uma escatologia islâmica por Dante, classificou como pertencentes ao credo islâmico textos bastante heterogêneos e distantes da escatologia teológica islâmica. Sua obra teria tido um melhor título se houvesse sido denominada *A Literatura Islâmica na Divina Comédia* [...].

Devemos frisar que Asín Palacios avalia por "islâmica" a terceira redação do ciclo II, ao passo que na realidade ela é o produto literário de uma fértil imaginação sobre o *isrá* e o *mi'raj*, o que não significa em absoluto que seja conforme ao credo islâmico. Por fato islâmico deve ser considerado apenas o que é mencionado no Corão ou no *corpus* autêntico do *hadith*. [...] A terceira redação do ciclo II de Asín é atribuída a um persa do século VIII, Maysara b. Abd Al-Rabi'i, que, "contagiado de neoplatonismo", segundo o próprio Asín, apresenta alguns elementos da escola mística dos *isráqiyyun* e de outros pseudo-empedocleanos, conservando, talvez, "crenças zoroastristas de sua pátria, recém-convertida ao Islã pela força das armas" [18]. Constitui um lapso do erudito espanhol o fato de ter aceitado

17. Ortega y Gasset, José. Prólogo. In: Baixar. *El Collar de la Paloma*, 3ª ed. Madrid: Alianza Editorial, 1971.

18. Cf. Asín Palacios, op. cit., p. 40.

como "islâmica" a escatologia dessa redação, de fundo nitidamente neoplatônico e com elementos de um Oriente anterior ao Islã. E, ainda, há o episódio do galo gigantesco, que Muhammad vê no primeiro céu e que, "batendo as asas, como um arauto, entoava cânticos de louvor a Deus que todos os galos na terra repetiam": baseia-se num *hadith*, mencionado por exegetas e historiadores árabes, mas que foi considerado inautêntico pela teologia islâmica.

Asín recolheu um acervo monumental de documentos para comprovar a sua tese da "imitação". Porém, neste seu afã, recorreu a uma literatura oriental que não pode ser considerada islâmica, do ponto de vista estritamente doutrinal. Ao comparar o limbo dantesco com o dos muçulmanos (*Al-A'raf*), Asín colecionou um sem-número de interpretações do limbo, em grande parte inautênticas, e fundiu-as a fim de comprovar a sua tese [...] Asín se serve de uma literatura que chama de "tradições maometanas", que não corresponde à descrição do inferno transmitida pelo *Corão*[19]. Influenciado pela topografia do inferno dantesco e sua localização nas profundezas da Terra, atribuiu o mesmo mapeamento às tradições islâmicas para comprovar a sua tese [...] O próprio Asín observa que se valeu de tradições populares que corriam de boca em boca, e não de obras teológicas.

[...] A descrição do purgatório de Dante também não corresponde à noção transmitida pelo islamismo. O purgatório islâmico não é um lugar, mas um estado em que devem permanecer as almas pecadoras até receberem o perdão divino[20] [...]. Há menção, no *hadith*, de um caminho (*sirat*) que as almas devem percorrer no dia do Juízo final, que vai do inferno ao paraíso. Segundo a doutrina

19. Ver *Corão* XIX:68; XI: 71; LXVI:6; IV:56; XIII:18; XVIII: 29; LVI:51; 55; XXXVII:64-67; XXII: 19-20; LXXVII: 29-34; L:30; XV: 43-44.

20. Ver *Corão* XI:17; IX: 102; XCIX: 7-8; IV:48; XXXIX: 53.

islâmica, este caminho (*sirat*) deverá ser percorrido tanto pelos bem-aventurados, cujo destino é o paraíso, como pelos condenados ao inferno. Não é um lugar como o purgatório cristão, mas um caminho a ser percorrido para atingir o destino eterno. Percorrido o caminho, os bem-aventurados ingressam no paraíso, e os condenados se precipitam no inferno. O islamismo também se refere ao *Haud*, espécie de fonte de água da qual bebem os pecadores, depois de pagarem por seus pecados. Ao beber dessa água, o pecador, redimido pelo fogo, volta a seu estado original sem máculas. Com relação ao purgatório cristão, que serve de modelo à *Divina Comédia*, não há no islamismo nada parecido [...].

Quanto às descrições do paraíso na escatologia islâmica, não há coincidência com o material apresentado por Asín. Para começar, não há no islamismo qualquer indicação de uma topografia com divisões como a que Dante descreve em seu poema. Não há na doutrina islâmica do *Corão* dois paraísos, o terrestre e o celeste, bipartição que Asín afirma precipitadamente existir nas Tradições e nos comentários dos exegetas islâmicos [...]. A fim de corroborar a sua tese da "imitação", Asín Palacios apresenta textos de fontes místicas e neoplatônicas, principalmente do *Al-Fûtûhat*, de Ibn 'Arabî, e da obra dos Irmãos da Pureza, *Ihwan Al-Safa*, uma sociedade secreta do século X, de tendência ismaelita (xiita). Esses autores anônimos compuseram uma espécie de enciclopédia filosófico-religiosa, que contém cinquenta e dois tratados (*Rasa'il*), fundados nas ciências da Antiguidade e que corresponderiam às revelações divinas feitas ao longo dos séculos. De influência neoplatônica, esses tratados continham muitos dos elementos do gnosticismo e do hermetismo. Embora compostos em ambiente islâmico, não correspondem às doutrinas escatológicas propriamente islâmicas [...].

As lendas sobre o além certamente brotaram fecundas em solo islâmico, criando uma vasta e belíssima literatura. Contudo, trata-se de uma literatura que, apesar de produzida em ambiente islâmico, não reflete o caráter essencial da escatologia islâmica. [...] Asín recorreu a fontes na filosofia neoplatônica e no sufismo, inclusive a uma redação apócrifa, a redação C do ciclo II. Concluiu, com Ibn 'Arabî, que há dois paraísos na escatologia islâmica, o terrestre e o celeste [...]. Naquele, gozam da felicidade os espíritos animais e as almas racionais; neste, apenas as almas racionais [...]. Ibn 'Arabî, certamente um muçulmano, bebeu nas fontes da filosofia neoplatônica e recebeu críticas dos juristas Ibn Taymiyya (m. 1327) [21] e do teólogo Taftazani (m. 1390) [22]. Houve muita controvérsia a seu respeito no mundo islâmico; foi tido como santo e amigo de Deus por alguns e como *zindiq* (ateu) por outros. Asín se serviu muito do *Al-Fûtûhat*, de Ibn 'Arabî, para a descrição de um paraíso celeste nos moldes da escatologia muçulmana. Porém, há que se salientar que certos elementos usados por Asín não correspondem à doutrina da escatologia islâmica, como a estrutura celeste em divisões destinadas aos eleitos segundo critérios ético-morais; a vida gloriosa no paraíso, rica de imagens e de ideias filosófico-teológicas, e a noção do *lúmen gloriae*, noção em que insiste Santo Tomás de Aquino [...].

Para concluir, cremos oportuno lembrar que foi a descoberta simultânea do *Livro da Escada* por Muñoz Sendino e Cerulli que mais contribuiu para selar a influência da literatura islâmica na obra-prima de Dante Alighieri. Até essa descoberta, a opinião crítica estava dividida entre a defesa inquestionável da originalidade de Dante e a dúvida dos que, embora aceitando uma possível influência islâmica na *Divina Comédia*, não encontravam nada satisfatório que evidenciasse o acesso de Dante a essas fontes. O *Livro da Escada*, que circulou nos meios cristãos europeus nas versões latina e francesa, parece ser a prova definitiva que todos esperavam para aceitar a

---

21. Autor de *Siyasa sar'iyya*.

22. Autor de *Sarh Al-'aqa id Al-nasafiyya*.

influência que Dante recebera da literatura acerca da escatologia islâmica. Sem dúvida, o *Livro da Escada*[23] é uma obra que nasce do *mi'raj* de Muhammad, fiel à escatologia islâmica, mas que não serviu à tese de Asín Palacios, já que este o desconhecia. Contudo, embora apoiado em fontes discutíveis acerca da escatologia islâmica, o eminente arabista merece todos os créditos por sua brilhante intuição.

23. A tradução desta obra para o português foi publicada no Brasil e em Portugal: Mendes, Fernanda P. *Livro da Escada de Maomé.* São Paulo: EDUC, 2021; *Livro da Escada de Maomé: versão de Afonso X.* Porto: Estratégias Criativas, 2022.

DANTE E O ISLAM

"O mapa do Inferno" (entre 1480 e 1490) - Sandro Botticelli

Introdução

Em meu estudo sobre as doutrinas neoplatônicas e místicas do filósofo hispano-muçulmano Ibn Masarra[24], eu havia vislumbrado de que modo suas doutrinas, ao se infiltrarem na escolástica cristã, foram adotadas não só pela escola franciscana ou pré-tomista, mas também por um filósofo-poeta de renome universal, Dante Alighieri, a quem todos os críticos e historiadores qualificavam de aristotélico e tomista. E enumerando os motivos fundamentais da minha suspeita, chamei a atenção para a estreita relação de semelhança entre as linhas gerais da ascensão mística de Dante e Beatriz às esferas do paraíso dantesco e outra ascensão alegórica de um místico e um filósofo, que se lê na obra do grande sufi murciano Ibn 'Arabî[25], intitulada *Al-Fûtûhât Al-Makkiyya*[26], cuja filiação a Ibn Masarra é indiscutível.

---

24. Muhammad Ibn Masarra (883-931) de Córdoba, um dos primeiros mestres da filosofia e do pensamento no mundo islâmico. (N.T.)

25. Místico andaluz de origem árabe, nascido em Múrcia em 1165. Viveu em Sevilha cerca de trinta anos e morreu em Damasco em 1240. É considerado o mestre dos místicos, não só na Espanha, mas também em todo o mundo islâmico. Cf. Nasr, M. Helmi (2007). *O Islã Clássico: itinerários de uma cultura*, São Paulo: Brasil: Editora Perspectiva, 835. (N.T.)

26. Datada entre fins do século XII e princípios do XIII, *Al-Fûtûhât Al-Makkiyya* ("*As iluminações de Meca*") é a obra mais longa de Ibn 'Arabî, e expõe as ideias básicas de seu pensamento filosófico. (N.T.)

Basta enunciar o problema que se colocava para compreender seu interesse: se somente a metafísica neoplatônica do cordobês Ibn Masarra e do murciano Ibn 'Arabî, e, ainda, o modelo alegórico idealizado por este último para sua ascensão, influenciaram como modelos, ou existiram pelo menos como precursores da parte mais sublime da *Divina Comédia* – o "Paraíso" –, a Espanha teria direito de reivindicar parte da glória atribuída pela crítica universal à obra imortal de Dante Alighieri.

Este foi o ponto de partida das minhas investigações. Mas muito rapidamente o horizonte se ampliou diante dos meus olhos, em proporções inesperadas; porque, ao estudar de perto a ascensão alegórico-dantesca e a do murciano Ibn 'Arabî, adverti que não era em realidade outra coisa que uma adaptação mística de outra ascensão famosa e bem conhecida na literatura teológica do Islam, quer dizer, da ascensão ou *mi'raj* de Muhammad, de Jerusalém ao trono de Deus. E como este *mi'raj* foi precedido de uma viagem noturna, ou *isrá*, durante a qual Muhammad visitou algumas das moradas infernais, essa narrativa muçulmana assim oferecia-se a mim, de modo imprevisto, como um dos precursores da *Divina Comédia*. E efetivamente: um cotejo metódico das linhas gerais dessa narrativa com as do poema dantesco foi confirmando minhas suspeitas, as quais logo adquiriram as características de convicção moral, quando pude estender aquele cotejo a muitos pormenores pitorescos, descritivos e episódicos de ambas as narrativas, assim como também ao que os dantistas chamam "arquitetura dos reinos", ou seja, a concepção topográfica das moradas infernais e celestes, cujos planos pareciam-me ter sido feitos por um mesmo arquiteto muçulmano. Mas, ao chegar a esta etapa de minha investigação, uma dúvida se impôs: estas semelhanças entre a *Divina Comédia* e seu suposto modelo muçulmano seriam fruto da simples circunstância de dependerem ambos de modelos comuns? Ou, em outras palavras: os elementos dantescos que eu havia encontrado naquelas fontes muçulmanas não teriam já sua plena explicação genética nas narrativas cristãs medievais precursoras da *Divina Comédia*? Era, pois, imprescindível um estudo prévio destas narrativas, para não atribuir à origem muçulmana os elementos dantescos que aquelas, por si só, explicassem plenamente.

Este novo estudo comparativo não demonstrou que nas fontes islâmicas preexistiam os modelos de elementos da *Divina Comédia* – até agora considerados originais, pois nada semelhante havia sido encontrado nos seus precursores cristãos –, como revelou a origem também muçulmana de muitas dessas narrativas medievais. Este resultado lançou novas luzes sobre o problema, uma vez que as narrativas muçulmanas apareciam como a chave de grande parte do já explicado e do não explicado na *Divina Comédia*, ou seja, do que os dantistas explicavam por seus precursores cristãos, e do que, quando inexplicável, atribuíam à genialidade de Dante.

Esta é a tese de meu livro, que a alguns ouvidos soará como um sacrilégio ou fará brotar um sorriso de ironia em muitos outros, que ainda acreditam na inspiração do artista como fenômeno sobrenatural, independente de todo estudo de modelos alheios. Este é um preconceito muito comum quando se trata de obras de renome universal como a *Divina Comédia*, como já havia observado Ozanam, ao estudar suas fontes poéticas[27]. Segundo diz, por muito tempo, o poema foi considerado um monumento solitário em meio aos desertos medievais. E quando, em princípios do século passado, Cancellieri[28] assinalou que algumas passagens do "Inferno" e do

---

27. Ozanam, Antoine Fréderic, "*Des sources poéthiques de la Divine Comédie*", apud Ouvres completes d'Ozanam, tomo V, Paris, Lecoffre, 1859, p. 373.

28. Cancillieri, Francesco. *Osservazioni intorno alla questione promossa dal Vannozzi, dal Mazzocchi, dal Bottari, especialmente dal p. abate D. Giuseppe Giustino di Costanzo, sopra l'originalità della Divina commedia di Dante; appoggiata alla storia della Visione del monaco casinese Alberico.* Roma: Presso F. Bourlie, 1814.

"Paraíso" dantescos tinham seu modelo imediato na *Visão do Monge Alberico*, os dantistas se indignaram, já que apenas admitiam as inegáveis imitações dos sábios modelos clássicos.

Mas os anos passaram, e o século XIX, século da crítica fria e serena, povoou os desertos da Idade Média: Labitte, Ozanam, D'Ancona, Graf, uma plêiade de investigadores e eruditos estudaram as narrativas de além-túmulo, tanto clássicas como cristãs, que explicam a gênese do poema dantesco, e então os dantistas não se indignaram, porque já se aceita que o traço essencial do gênio não é a novidade ou a originalidade absoluta da obra de arte, nem pode consistir na faculdade, exclusiva de Deus, de criar do nada tanto a forma como a matéria.[29].

Esta atitude dos dantistas modernos me permite ter a esperança de que não se indignarão com a ideia de supor a influência de fontes muçulmanas na *Divina Comédia*[30]. D'Ancona, ao estudar suas fontes cristãs e clássicas, adverte que Dante se mostrou estudioso de toda coisa e acolheu todos os sentimentos e ideias de seu século[31]. Agora vejamos: que seu século estivesse saturado do saber e da arte islâmicos, ninguém ignora. E por outro lado, ainda que no julgamento de D'Ancona seja sempre difícil afirmar taxativamente que esta ou aquela narrativa tenha sido o modelo concreto[32], o exemplar vivo que Dante teve diante de seus olhos, o gérmen fecundo do qual brotou em seu espírito o divino poema, eu creio que essa dificuldade

---

29. Ozanam, 498 e ss.

30. De fato, a tese de Asín Palacios causou uma acalorada polêmica entre os dantistas, embora a maioria tenha se posicionado a seu favor, segundo fica patente no opúsculo *História y Crítica de una Polemica*, no qual o autor reúne e responde às críticas, que passou a acompanhar as edições de *La Escatología* e suas traduções posteriores a 1919. (N.T.)

31. D'Ancona, 108 e 113.

32. D'Ancona, 107.

não é tão insuperável quando nos atemos às suas fontes muçulmanas. Colocar em evidência suas analogias com a obra dantesca haverá de ser o fundo principal do meu trabalho. Mas para que a conclusão seja legítima, fechando o caminho a críticas evasivas e prevenindo toda objeção fundamentada, será útil também apresentar como epílogo o quadro esquemático das coincidências mais notáveis que podem ser observadas entre as narrativas cristãs medievais, precursoras da *Divina Comédia*, e as narrativas muçulmanas anteriores a elas.

I.

As narrativas da viagem noturna e da ascensão de Muhammad cotejadas com a *Divina Comédia*

1.
A Gênese das narrativas

As narrativas muçulmanas da viagem noturna e da ascensão de Muhammad às mansões do além-túmulo tiveram sua gênese e evolução em quase todas as narrativas religiosas: nasceram de uma breve e enigmática passagem da revelação, cuja exegese escapa às luzes da razão teológica, e logo a rica imaginação dos fiéis preenche as lacunas que o exegeta ou o teólogo deixaram à margem do texto revelado.

Uma só alusão, brevíssima e fugaz ao extremo, é o que nos oferece o *Corão* no primeiro versículo da décima sétima sura, como gérmen de toda a narrativa: "Louvado seja o [Senhor] que fez viajar, durante a noite, Seu servo [Muhammad] desde o templo sagrado [de Meca] até o distante templo [de Jerusalém] cujo recinto abençoamos, para fazê-lo ver nossas maravilhas"[33].

O caráter vago e misterioso da alusão deve ter estimulado a curiosidade dos muçulmanos, incitada pelo piedoso culto à memória do Profeta. Um riquíssimo florescer de narrativas mais ou menos fantásticas surgiu como por encanto, preenchendo o imenso

---

33. "Glorificado seja Quem fez Seu servo Muhammad viajar à noite – da Mesquita Sagrada (de Meca) para a Mesquita Al-Aqsâ (de Jerusalém) cujos arredores abençoamos – para mostrar-lhe, em seguida, alguns de Nossos Sinais". Cf. Nasr, M. Helmi (2005). *Tradução do sentido do Nobre Alcorão para a língua portuguesa.* Al-Madinah Al-Munauarah K.S.A., Arábia Saudita. (N.T.)

horizonte que a suposta viagem noturna lhe oferecia, com variadíssimos episódios e pitorescas cenas em número quase infinito.

Um livro inteiro não bastaria para conter o estudo documentado da completa evolução de todas as ramificações da viagem noturna, nascidas como glosa daquele brevíssimo versículo do *Corão*, sob a forma de *hadith*[34] ou tradições do Profeta, em cuja boca se coloca a descrição pormenorizada de todas as maravilhas que viu durante o percurso. Sem pretender, de modo algum, esgotar o tema ou fazer uma exposição sistemática, tentarei apresentar aqui, agrupadas em três ciclos ou famílias, algumas das principais redações da viagem noturna, começando por seus mais simples, sóbrios e fragmentários tipos, para terminar com aquelas em que a evolução chega ao cume da fecundidade hiperbólica, pela complexidade da ação e plasticidade das cenas.

2.
Primeiro ciclo: redações da viagem noturna (*isrá*)

O ciclo mais simples entre todos, a meu juízo, é aquele constituído por seis *ahadith*, cuja antiguidade remonta pelo menos ao século IX de nossa era, nos quais é colocada na boca de Muhammad, com pequenas variações, a narração de uma simples viagem noturna, ou *isrá*, realizada em todas as suas etapas sobre a Terra, sem elevação ou ascensão alguma às esferas celestes e sem indicação topográfica muito precisa dos pontos de partida ou de chegada ou paradas intermediárias.

---

34. *Hadith* significa propriamente "tradição"; designa as sentenças do Profeta transmitidas à parte do *Corão* por uma corrente de intermediários conhecidos. Há dois tipos de *ahadith*: o *qudsî*, "sentença sagrada", revelação direta na qual Deus fala na primeira pessoa pela boca do Profeta, e o *nabawi*, "sentença profética", a revelação indireta em que o Profeta fala por si mesmo. (N.T.)

A seguir, a análise das duas principais redações deste primeiro ciclo e seu respectivo cotejo com a *Divina Comédia.*

2.1. Redação A[35]

Muhammad relata aos seus discípulos como, estando ele dormindo, aparece-lhe um homem que, tomando-o pela mão, leva-o ao pé de um monte elevado pelo qual, resistindo a tão penosa ascensão, sobe, colocando os pés dentro das pegadas de seu condutor. No platô que coroa a montanha, Muhammad testemunha seis horríveis suplícios. O guia lhe informa sobre o tipo de pecadores castigados em cada um deles. Em seguida, sem se deterem, ambos passam pela gehena[36], envolta em fumaça, cheia de gritos de dor e fúria. Mais adiante, os que morreram dentro da fé do Islam dormem placidamente à sombra das árvores. Depois se encontram com belos homens, bem vestidos e perfumados, que são os mártires e os santos. Muhammad conversa com três de seus amigos, que bebem vinho e entoam cânticos. Logo, alçando a vista, vê o trono de Deus. Aos seus pés estão agrupados três profetas: Abraão, Moisés e Jesus.

Este primeiro embrião da narrativa muçulmana já apresenta alguns pontos de coincidência com o grande poema dantesco[37]. Em

---

35. Foi formada por dois *ahadith*. Sigo o texto inserido em Kanz, VII, 248, núm. 2.835; ibidem, 280, núm. 3.089. A história é narrada, entre outros canonistas, por Said b. Mansur (s. IX).

36. Grosso modo, trata-se do inferno. Adiante se discorrerá a respeito. (N.T.)

37. Prescindiremos das citações precisas da *Divina Comédia,* sempre que se trate de semelhanças gerais – referentes, não a um texto concreto, senão que ao conjunto de toda uma cena – que o leitor pode comprovar em qualquer sumário do poema dantesco.

ambas as narrativas é o mesmo protagonista que narra a viagem; ambos a empreendem à noite e guiados por um homem que surge diante deles sem aviso, ao saírem de um profundo sono; a primeira etapa da viagem é, em ambas as narrativas, a ascensão a um monte escarpado e quase inacessível; as três principais moradas além-túmulo, purgatório, inferno e paraíso, são visitadas sucessivamente por ambos, ainda que em uma ordem diferente e sem semelhança alguma nos pormenores; a visão do trono divino encerra a viagem em ambas as narrativas. Em cada etapa o guia satisfaz a curiosidade do viajante, e este, que conhece pessoalmente alguns dos personagens que contempla, tenta conversar com eles.

Fora destas linhas gerais são poucos os traços semelhantes entre ambas as narrativas. Não há coincidência significativa na descrição dos tormentos. Por outro lado, existe coincidência nos traços descritivos da introdução: os epítetos com os quais a narrativa islâmica descreve o monte elevado, áspero, íngreme, o desalento de Muhammad diante do inacessível de seu cume, a segurança que o guia lhe oferece para facilitar-lhe o acesso, e finalmente, a descrição da ascensão mesma, Muhammad colocando o seu pé no mesmo lugar onde o guia colocou o seu, todos estes traços da narrativa oferecem uma flagrante semelhança com as duas cenas dantescas: a introdução do *Inferno*, e também, do *Purgatório*[38]. Finalmente, a proximidade do inferno aparece a Dante através de um sinal análogo ao que Muhammad observa próximo a *gehena*: um tumulto confuso, formado por "*parole di dolore, accenti d'ira*".[39]

---

38. *Inferno*, I; *Purgatório*, IV.

39. *Inferno*, III, 26 - 28.

2.2. Redação B[40]

Muhammad é despertado por duas pessoas, as quais segue. Chegando a Jerusalém, começam as visões de além-túmulo. Aqui, os guias se negam a satisfazer, em cada etapa, à curiosidade do Profeta, deixando para o final a interpretação daquilo que veem. As cinco primeiras visões correspondem, como na redação A, ao purgatório islâmico.

Entre outros tormentos, veem um homem que, nadando em um rio de sangue, se esforça inutilmente para alcançar a margem, porque, ao chegar a ela seu verdugo o obriga a engolir uma pedra e retornar ao centro do rio; há mulheres e homens nus que, pela força das chamas, são agitados em incessante ritmo, da boca ao fundo de um forno aceso; e há outros homens que, furiosos como loucos, vomitam fogo sobre uma colina negra.

Chegam depois a um jardim primaveril, em cuja entrada um homem repugnante atiça uma fogueira, e em cujo interior, ao pé de uma árvore frondosa, está um ancião venerável. Escalando pela árvore, chegam a uma morada cujos habitantes são, uns, belos e brancos, e outros, negros e feios, mas que também se tornam belos ao beber de um rio caudaloso, de águas brancas como o leite. Muhammad bebe também, e pela mesma árvore ascende a outra morada, habitada por jovens e anciãos.

Os mentores interpretam para Mohammad aquilo que viu: aquele que nada no rio de sangue é o usurário; os do forno, os

---

40. Os quatro *ahadith* que a formam, narrados, entre outros canonistas, respectivamente por Bukhari e Muslim (s. IX), Al-Daraqutni (s. XI), Ibn Hanbal (s. IX) e Ibn Asâkir (s. IX), estão catalogadas em Kanz (VII, 278 a 281) sob os nºs 3.083, 3.084, 3.085 e 3.091. Tomo por fundamental a primeira e omito os pormenores comuns à redação A.

adúlteros; os que vomitam fogo, os sodomitas; o que atiça a fogueira, o guardião das portas do inferno; o ancião, Abraão, que acolhe em seu seio as crianças mortas sem uso da razão; a primeira morada, a da árvore, o paraíso comum à maioria dos crentes; a segunda, o dos mártires. Também declaram os guias que eles são Gabriel e Miguel. Por fim, Muhammad vislumbra de longe a fortaleza celestial e quer entrar nela, mas não pode, porque sua vida não chegou ao fim.

A redação B, ainda dentro da mesma imprecisão topográfica da A, dista menos do cenário dantesco. Os quatro reinos de além-túmulo – purgatório, seio de Abraão, inferno e paraíso – são apresentados separadamente. Há uma tentativa de ascensão sobre a crosta terrestre para as visões paradisíacas, que se realiza subindo pelos ramos de uma árvore, ainda que sem remeter, como veremos em outras redações, a subir pelas esferas celestes. Os guias já são dois, mas de natureza angélica e não humana, como no poema dantesco. Há a insinuação, pela primeira vez, da figura do guardião das portas do inferno que, como o Minos de Dante, distribui os suplícios[41]. Além disso, Muhammad, como Dante, começa sua visita por Jerusalém[42]. E outra semelhança é que, tanto na narrativa islâmica como em Dante, o condenado sofre um tormento correlativo à culpa (quer por analogia, quer por contraposição) nos membros ou órgãos que foram instrumento de seu pecado[43].

---

41. *Inferno*, V, 4 e ss.
42. Assim o afirmam os comentaristas do poema dantesco, baseados nas seguintes passagens: Inferno, XXXIV, 114; *Purgatório*, II, 3.
43. Sobre a lei do *contrapasso* na *Divina Comédia*, leia-se Rossi, Vittorio. *Storia della letteratura italiana per uso dei licei. Vol. I: Il medio evo,* 5ª Edição. Milão: Vallardi, 1911, p. 146. Cf. Os suplícios descritos nas redações A e B.

Mas as coincidências são mais precisas em dois suplícios: o dos adúlteros e o dos usurários. Como não ver naquela turba de mulheres e homens nus, incessantemente lançados da boca ao fundo do forno[44], pelo violento sopro do ígneo furacão, um esboço bem típico dos adúlteros que no poema dantesco são também impelidos por infernal borrasca que jamais cessa?[45] Mais flagrante é a adaptação do suplício muçulmano dos usurários ao dantesco dos sanguinários ou violentos contra o próximo: submersos nas águas profundas de um rio de sangue, também se esforçam, como no suplício muçulmano, para chegar às margens a nado; mas também aqui são forçados a retornar águas adentro pelo certeiro tiro de besta de algum centauro, que a erudição clássica de Dante utilizou em substituição aos simplórios verdugos armados com pedras[46] da narrativa islâmica. Há também outras analogias mais distantes, como por exemplo, a do suplício dos sodomitas, atormentados por um fogo interior na narrativa islâmica e por uma chuva ígnea, na dantesca[47], ou a do rio que separa o purgatório do paraíso em ambas as narrativas, de cujas doces águas Dante, assim como Muhammad, bebem[48].

---

44. A redação do livro, p. 15, traz "desde el fondo del horno a su boca". Talvez, um equívoco, já que antes a redação apareceu tal como traduzimos. (N.E.)

45. *Inferno*, V, 31 e ss.

46. *Inferno*, XII, 46 e ss.

47. *Inferno*, XIV e XV

48. *Purgatório*, XXXI, 102. Cf. *Purgatório*, XXXIII, 138.

3.
Segundo ciclo: redações da ascensão (*mi'raj*)

A antiguidade das narrativas que o constituem não é inferior à do primeiro ciclo; de modo que, se com elas constituímos uma família à parte, é apenas porque representam uma tradição distinta: todas elas prescindem quase completamente da viagem noturna terrestre, *isrá*, para narrar, quase que exclusivamente, a ascensão, *mi'raj*, pelas esferas celestiais até o trono de Deus.

São três as principais redações das narrativas que integram este segundo grupo: a primeira, considerada a mais autêntica pelos tradicionalistas muçulmanos, é autorizada pelo testemunho crítico de Bukhari[49] e Muslim[50] (século IX), e tem, portanto, uma antiguidade muito anterior a esta data; a segunda, da qual apenas aproveitarei um fragmento, é atribuída a Ibn Abbas, companheiro e primo de Muhammad, mas a data exata de sua redação é incerta, por causa da dúvida que paira sobre a sua autenticidade canônica; cabe, entretanto, presumir que tenha sido forjada por um tradicionalista egípcio do século IX, Ishaq b. Ka'b; a terceira redação, finalmente, é considerada

---

49. De ascendência persa, nasceu em Bukhara, na Pérsia, em 810. Foi um os tradicionalistas de maior crédito, no que concerne à transmissão dos *ahadith*. Viajou por quase dezesseis anos com o fito de colecionar tudo o que e referisse à Fala do Profeta, fazendo distinguir sempre o verdadeiro do falso. Tornou-se famoso por dois motivos: sua fantástica e assombrosa memória e sua esplêndida sabedoria nas críticas e análises sobre a autenticidade desta matéria. Sua obra principal é *Al-Jamei As-sahih* (*O conjunto verdadeiro dos ahadith*). Morreu em 870. Cf. Nasr, M. Helmi (1973). *A teoria de Asín Palacios sobre a Divina Comédia.* Tese de Livre Docência – Universidade de São Paulo, São Paulo, 53. (N.T.)

50. Outro famoso tradicionalista de grande prestígio, que é considerado discípulo, senão colega, de Al-Bukhari. Morreu em 875. Sua obra principal é *Sahih Muslim* (*A obra verdadeira de Muslim*), que é considerada uma das principais fontes de *ahadith* (Cf. Nasr, 1973: 53). (N.T.)

apócrifa pela generalidade dos canonistas, que supõem que foi forjada por um persa do século VIII, Maysara, filho de Abd Al-Rabi'i, ou pelo damasceno Umar, filho de Sulayman, do mesmo século. A seguir, a análise de cada uma delas:

3.1. Redação A[51]

Dormindo em Meca, Muhammad é despertado por Gabriel, que o purifica, extraindo-lhe o coração e lavando-o em uma taça de ouro cheia de água do poço de Zamzam[52]. Em seguida começa a ascensão, a partir da mesquita de Meca, ou do templo Sagrado de Jerusalém, segundo outras versões. Também existem divergências quanto ao modo da ascensão. Segundo alguns, Muhammad sobe conduzido pela mão de Gabriel; segundo outros, ambos ascendem montados em uma árvore que cresce sem cessar; alguns recorrem à intervenção de uma montaria celestial. Dez são as etapas da ascensão propriamente dita. As sete primeiras correspondem aos sete céus astronômicos ou esferas celestes. Em cada uma delas, Muhammad se encontra com um ou com dois profetas, que lhe são apresentados por Gabriel e com os quais conversa. Estes profetas costumam ser Adão, Jesus e João, José, Idris (ou Enoque), Aarão, Moisés e Abraão, que estão caracterizados conforme a tradição islâmica.

A visita à Jerusalém celestial, modelo e tipo da Jerusalém terrestre, e à qual o *Corão* chama de Casa Habitada, constitui a oitava etapa, ou a nona, segundo outras versões que colocam antes dela

51. Utilizo o texto do *Tafsir* de Al-Jazín, III, 145 e ss.

52. Poço de água em Meca que existe desde o tempo de Abraão, o Patriarca, quando este edificou a *Ka'ba*, segundo a fé dos muçulmanos, atualmente considerado sagrado (Nasr, 2007: 841). (N.T.)

a visão de uma gigantesca árvore paradisíaca, chamada Lótus do termo. Na última etapa, Muhammad contempla o trono de Deus, que conversa com ele e lhe comunica seus mistérios. A redação se encerra com uma explicação sobre as preces rituais dos muçulmanos, reduzidas por Deus de cinquenta a cinco, a pedido de Muhammad, que o faz aconselhado por Moisés.

Esta redação só apresenta analogias com a terceira parte do poema dantesco, ou seja, o *Paraíso*. As linhas gerais são idênticas: Muhammad, purificado como Dante para realizar a ascensão aos céus, sobe pelos ares, conduzido pelas mãos de Gabriel, do mesmo modo que Dante guiado por Beatriz. As etapas da ascensão dantesca são tantas quanto os céus astronômicos, e o mesmo se verifica na ascensão de Muhammad.

Os sete céus da ascensão islâmica, ainda que simplesmente designados por seu número de ordem, são os mesmos que Dante denomina com os nomes dos astros do sistema ptolomaico – Lua, Mercúrio, Vênus, Sol, Marte, Júpiter e Saturno -, aos quais acrescenta outros três, o das estrelas fixas, o cristalino e o empíreo que, se faltam na ascensão muçulmana, menos científica, têm seu equivalente nas suas três últimas etapas, do Lótus, da Casa Habitada e do Trono de Deus. Mas não devemos colocar a ênfase nos números, e sim no fato de que nenhum dos supostos precursores clássicos ou cristãos da *Divina Comédia* apresentava a Dante um modelo tão típico como a narrativa muçulmana nesta redação. Beatriz desce à terra para guiar Dante, como Gabriel para conduzir Muhammad. Ainda que criatura humana, e não angélica como Gabriel, ela já está transfigurada pela visão beatífica em um ser espiritual e quase angélico. Em cada etapa de ambas as ascensões, os viajantes param para conhecer os bem-aventurados e conversar com eles. Os profetas que povoam os vários céus muhammadianos são substituídos por santos nos dantescos; mas o artifício literário é idêntico e sugere a estreita afinidade entre ambas as narrativas, olhadas em conjunto, ainda que estejam separadas por um abismo de arte e de espiritualidade quanto aos pormenores.

3.2. Redação B

Difere da anterior redação A porque não prescinde da visão infernal. É, portanto, uma primeira tentativa de fusão das versões do *isrá* com as do *mi'raj*. Oferecemos ao leitor apenas a análise dos elementos mais característicos desta redação B, evitando repetir os já descritos na redação A[53].

> No terceiro céu, Muhammad e Gabriel encontram um anjo enorme e terrível, incandescente, como feito de fogo. Sentado sobre um ígneo escabelo, prepara instrumentos de tortura. Aquele anjo é o guardião do inferno e Muhammad a ele roga que mostre os pisos daquela morada; mas o anjo se nega violentamente, e só obedece ante uma voz imperativa que vem do alto, entreabrindo a porta do inferno. Pela fresta escapa uma tenebrosa explosão de fumaça e fogo voraz. O Profeta observa que o inferno está constituído por sete distintos pisos, colocados cada um acima do seu inferior imediato. O primeiro e mais superficial, destinado aos réus de pecado mortal, está subdividido em quatorze moradas sobrepostas, como lugares de expiação para cada um dos principais pecados.
>
> A primeira morada é um oceano de fogo, subdividido em setenta mares menores. Em cada praia eleva-se uma cidade ígnea, cujas moradas, em número de setenta mil, encerram setenta mil

53. Utilizo o ms. 882 do Catálogo de Leiden (núm. 786 da coleção), folios 84 – 87. É anônimo, mas atribuído a Ibn Abbás (provavelmente forjado por um tradicionalista egípcio do séc. IX).

caixas ou ataúdes de fogo, onde homens e mulheres são picados por serpentes e escorpiões. É o suplício dos tiranos.

Entre outros réprobos, Muhammad vê os usurários, que cambaleiam por causa do enorme peso de seus ventres, cheios de répteis; os insultadores, que arranham os próprios rostos com unhas de cobre; os ébrios, atormentados por uma raivosa sede; os maus filhos, pendurados em ganchos incandescentes e açoitados por chicotes de fogo; os assassinos, constantemente esfaqueados pelos demônios, para ressuscitar em seguida, etc.. Muhammad está a ponto de desmaiar e pede ao guardião que volte a fechar a porta. Retoma, então, sua interrompida ascensão aos restantes céus, como na redação A deste ciclo.

À primeira vista é difícil vislumbrar sequer a mais remota analogia entre a *Divina Comedia* e este episódio da ascensão de Muhammad. As duas partes essenciais da viagem dantesca, *Paraíso* e *Inferno*, longe de aparecerem, como colocou Dante, perfeitamente delineadas em cenários e momentos distintos, aparecem aqui confundidas e misturadas. No entanto, se estudamos em si mesmo este episódio infernal, isolando-o do quadro geral da ascensão em que aparece inserido, seu cotejo com o inferno dantesco nos apresenta inesperadas analogias.

Antes de tudo, a arquitetura dantesca do reino da dor, tem na narrativa que analisamos seu protótipo flagrante e indiscutível. Todo mundo conhece o plano imaginado pelo divino poeta para seu inferno[54]: sob a crosta terrestre um imenso abismo desce até o centro da terra em forma de funil, ou cone invertido, com degraus, andares ou camadas circulares, em número de nove, cada um dos quais é prisão e morada de castigo destinada a uma determinada categoria de pecadores. Quanto maior a gravidade da culpa, maior a profundidade da

54. Cf. Rossi, I, 140, 142, 143; Porena, 9.

morada e maior a tortura impingida como pena. Alguns destes nove círculos do inferno dantesco se subdividem, por sua vez, em três, quatro ou até mesmo em dez pisos diferentes, correspondentes a outras tantas subcategorias morais de réus. Este rápido esquema nos basta para o cotejo, dado que também o inferno muçulmano de nossa narrativa está constituído, conforme vimos, por vários pisos, degraus ou estratos circulares, em número de sete, os quais descem gradualmente na razão direta da gravidade das culpas e do castigo condizente a que estão destinados pela divina vindita; cada andar é a morada própria de uma categoria de condenados; cada um deles se subdivide também em várias moradas sobrepostas, correspondentes às diversas subcategorias morais de réus. Em um só ponto esta topografia islâmica parece não coincidir com a dantesca: por omissão, nada diz sobre a localização do inferno debaixo da crosta terrestre. Advirta-se, entretanto, que se a narrativa não o diz, tampouco o excluem suas palavras, já que estas nos dizem apenas que Muhammad viu o inferno estando no terceiro céu, e não que o inferno estivesse ali. Mais adiante voltaremos à análise desta questão, secundária neste momento.

Outra analogia evidente é a da cena do encontro de Muhammad com o anjo guardião do inferno. Comparada com as duas cenas paralelas da *Divina Comédia*[55], em que o barqueiro Caronte ou o severo Minos negam a Dante a passagem às regiões infernais, seria possível dizer que o poeta florentino não fez mais do que desdobrar artisticamente e adaptar à mitologia clássica o modelo muçulmano. E a dupla cena dantesca que acabamos de cotejar com a narrativa islâmica se repete também mais de uma vez nos seguintes círculos infernais, como se Dante, apaixonado pela beleza artística do esboço muçulmano, não se cansasse de reproduzi-lo sob vários disfarces, clássicos e cristãos. Assim, na entrada do quarto

---

55. *Inferno*, III, 82 – 100; V, 4 – 24.

círculo, é Plutão o guardião[56]; no quinto, Flégias, primeiramente, e depois demônios que defendem a cidade de Dite[57]; no sétimo, o monstruoso Minotauro[58]; no quinto fosso do oitavo círculo, outros demônios[59].

Podem ser destacadas outras semelhanças: Dante põe seus pés já no primeiro piso do inferno, quando um violento furacão de fogo que surge do abismo iluminando a cena com clarões avermelhados[60] traz-nos à memória a rajada de voraz de fogo há pouco vimos escapar pela porta entreaberta do primeiro andar do inferno muçulmano, momentos antes que Muhammad começasse a examinar seus quatorze pisos inferiores.

O primeiro destes é também um modelo muito evidente da cidade de Dite, do inferno dantesco. Vejamos: ao chegar às praias do rio Estige[61], Virgílio mostra a Dante os muros da cidade infernal na qual reina Plutão, que se alçam ao longe: "distingue perfeitamente suas torres que, à guisa de minaretes de mesquitas, surgem do fundo do vale, todas vermelhas e incandescentes, como se acabassem de sair das chamas; o fogo eterno que em seu interior a consome é o que dá a toda a cidade esta cor avermelhada".

É, pois, uma cidade de fogo, como no inferno da narrativa islâmica. E, já no interior de seus muros[62], Virgílio e Dante advertem que a cidade inteira é como um imenso cemitério, povoado de inumeráveis tumbas, separadas umas das outras por um mar de chamas

---

56. *Inferno*, VII, 1 – 15.
57. *Inferno*, VIII, 13 – 24; 82 e ss.
58. *Inferno*, XII, 11 – 27.
59. *Inferno*, XXI, 58 e ss.
60. *Inferno*, III, 133 – 134.
61. *Inferno*, VIII, 67 – 75.
62. *Inferno*, IX, 109 e ss.

que converte cada sepulcro em um leito de fogo, onde gritam de dor os heresiarcas. Como não ver neste horripilante quadro a semelhança fidelíssima com o oceano de fogo da narrativa muçulmana, em cujas praias se alçam as cidades ígneas formadas pelo agrupamento de milhares de caixas ou ataúdes escaldantes, dentro dos quais os tiranos expiam suas culpas?

O artista florentino também pôde aproveitar as descrições dos suplícios muçulmanos para alguns de seus magistrais quadros. Assim, o suplício islâmico dos tiranos reaparece no dantesco dos gulosos e ladrões[63]; o dos ébrios, no dos falsários[64]; o dos caluniadores, no de Graffolino d'Arezzo e Capochio de Siena[65]; o dos maus filhos, no dos *baratieri*; o dos assassinos, no dos causadores de cisma[66], entre os quais teve a sarcástica ideia de colocar o protagonista da visão islâmica, que, talvez lhe servisse de modelo, quer dizer, o próprio Muhammad, que, junto com seu primo Ali, caminha em círculos sem parar, esfaqueado por um demônio, o qual a cada volta fecha suas feridas para tornar a abrir-lhe outras novas e mais profundas.

3.3. Redação C[67]

O tema principal da redação C é a ascensão, prescindindo da viagem noturna, ainda que incorporando também no quadro da ascensão uma tentativa fracassada de pintura do inferno. Esta versão preocupa-se, principalmente, com os últimos episódios do *mi'raj*, ou

---

63. *Inferno*, VI, 13 – 33; XXIV, 82 e ss.; XXV passim.
64. *Inferno*, XXX, 49 – 57, 81 – 84; 102; 106 – 107; 119, 123.
65. *Inferno*, XXIX, 79 – 87.
66. *Inferno*, XXVIII, 22 – 42.
67. *Hadith* compilado pelo persa Maysara b. Abd Al-Rabi'i, século VIII, ou pelo damasceno Umar b. Sulayman, do mesmo século.

seja, com as visões ocorridas depois da subida ao último céu astronômico. As descrições são realizadas de acordo com um critério sobrenatural e antirrealista, que foge de todos os recursos materiais e grosseiros empregados no *Corão* para a pintura do paraíso, e se esforça, em troca, em não usar, dentro do possível, mais elementos pictóricos do que a luz, a cor e a música. Eis aqui sua análise:

a) No primeiro céu, Muhammad e Gabriel veem um gigantesco galo, cuja plumagem, de uma brancura deslumbrante, cobria o seu corpo, que era de um verde intenso. De quando em quando batia suas asas e entoava um canto de louvor a Deus. No mesmo céu veem outro anjo, cuja metade superior do corpo era de neve e a inferior de fogo, e que também entoava cânticos piedosos. Logo passam junto ao anjo da morte que, sentado sobre um escabelo, tinha entre suas pernas o universo inteiro e o olhar fixo em uma lâmina feita de luz, sobre a qual se distinguiam palavras escritas. Depois, encontram o anjo guardião do inferno, que é descrito como na redação B; mas aqui Muhammad, aterrorizado ante as chamas que escapam pela fresta da porta da morada infernal, suplica que a fechem, a tentativa de visitar o inferno permanecendo sem sucesso. Mais adiante encontram multidões de anjos, que apresentam incontáveis rostos no peito e nas costas, e que com suas línguas entoam inúmeros louvores divinos. Repetidamente, a narrativa consigna, em breves referências, a ascensão aos céus seguintes, até o sexto.

b) No sexto céu encontram outra multidão de anjos, que são os querubins, com os corpos cheios de asas e rostos e com todos os membros munidos de línguas que entoam louvores a Deus.

c) No sétimo céu o Profeta vê outras maravilhosas criaturas angélicas, mas declara que "não é lícito que ele se refira ao que viu nem que descreva aqueles anjos", assegurando apenas que Deus o dotou, para contemplá-los, de uma energia especial, e apontou e aguçou sua visão.

d) Dali, sobem ao céu teológico, morada da Divindade. Nesta mansão, veem setenta filas de gigantescos anjos, cintilantes de luz, para contemplar os quais Muhammad é confortado por Gabriel. A cena se repete até resultar em um total de sete grupos de setenta filas de anjos, tão apertadas entre si que pareciam uma só e consistente massa. Muhammad pondera sobre suas maravilhosas formas, a harmonia de suas vozes e o cintilar de suas luzes.

e) Nas seguintes sete etapas repetem-se cenas semelhantes, predominando um mesmo elemento descritivo: o mar. Primeiro atravessam "um mar de luz sem margens", que desprende vivíssimos reflexos; em seguida, um mar de trevas espessíssimas, e por último, um mar de fogo, cujas ondas se devoram, lançando chispas e crepitando com imponente furor.

f) Sempre confortado por seu guia, Muhammad sobe a altíssimas cordilheiras de neve, por trás das quais aparece outro oceano de fogo. Segue depois um novo e imenso oceano de água, em que estavam submersos uns enormes anjos, sem que as gigantescas ondas lhes chegassem além dos joelhos.

g) Na sétima etapa os viajantes encontram um segundo oceano de luz, que Muhammad contempla, confortado especialmente por Deus. A luz assume matizes de várias cores que, no final, se fundem em uma só. Submergidos naquele mar vê alguns anjos que, comprimidos em uma fila, giram em círculo ao redor do Trono de Deus, entoando um doce coro de louvores.

h) Então, começa a principal etapa da ascensão. Sobem ambos pelo éter celeste, "mais velozes que a flecha e o vento", até próximos ao divino Trono. Vistas dali, todas as coisas se empequenecem; a criação parece a pequena argola de uma cota de malha perdida em deserto. Então, uma grinalda ou coroa verde desce até Muhammad. Gabriel coloca o Profeta sob[68] aquela grinalda e logo se retira. Muhammad disse que viu, então, algo tão grande que não pôde explicar. Primeiro, pensou estar cego; mas, em seguida, Deus o dotou de uma nova visão, em seu coração; "Com estes olhos espirituais – disse – coloquei-me então a contemplar o que antes quis ver com os olhos do corpo, e vi uma luz cintilante... mas não me é lícito descrever a grandiosidade de sua luz". Contemplando face a face esta luz divina, o Profeta experimenta uma emoção dulcíssima, um calafrio de deleite, e se sente invadido por um gozo tão intenso que, transbordado de entusiasmo, acaba por cair em torpor extático. Quando volta a si, Deus estabelece com seu Enviado um doce e familiar colóquio.

i) Terminado o colóquio, a grinalda volta a descer e coloca o Profeta junto a Gabriel. Muhammad observa em seu espírito os maravilhosos efeitos da visão beatífica, ao poder contemplar agora claramente todas as fulgurantes luzes que antes o haviam ofuscado.

j) Absorto nesta contemplação total, Muhammad escuta o harmonioso concerto dos seres celestiais. E Gabriel lhe explica todas as maravilhas que contemplou na ascensão.

k) Depois descem, "mais velozes que a flecha e o vento". Encerra-se a redação com as pinturas da *árvore de Lótus do Termo*, do rio Al-Kawthar, do rio da felicidade e de outras moradas dos bem-

---

68. A versão espanhola da obra, assim como a versão abreviada, traz "sobre". No entanto, a primeira faz uma referência ao *Corão*, 55:76, em que fica claro que a grinalda desce sobre o Profeta. Seus olhos humanos não estavam aptos ou autorizados ao que veria. É então sua "visão" – e não seus olhos – que, vinda de seu coração, será capaz da contemplação. Do mesmo modo, a "grinalda" sobe levando o Profeta até diante do Trono, e, portanto, de Deus. Encerrados o encontro e a Revelação, a grinalda volta a carregar o Profeta, e desce até onde tinha ficado Gabriel. (N.E.)

-aventurados; tudo já de acordo com o modelo corânico. Por último, Gabriel deixa Muhammad onde o tomou. Durante o descenso, saúdam em cada céu astronômico, os vários profetas.

Convém observar que o episódio final desta redação C, que por seu materialismo corânico distoa completamente de todo o corpo da narrativa, deve ser considerado como um enxerto, que o autor habilmente introduziu, a título de forçosa concessão às ideias correntes entre o vulgo e o clero ortodoxo do Islam sobre o paraíso, cuja pintura no *Corão* não tem muito de idealista. Com este recurso o autor tratava de garantir diante do público a autenticidade e ortodoxia de sua forjada narrativa, a qual, longe de revelar a fundo a mentalidade de um Muhammad polígamo e guerreiro, denunciava bem às claras que seu autor era um muçulmano contagiado pelo neoplatonismo, quer dizer, um místico da escola *ishrâqî*[69] e pseudo-empedocliana, tão aficionada aos símiles luminosos e aos símbolos geométricos de figura circular para exemplificar as ideias metafísicas. Não devemos nos esquecer de que a paternidade desta narrativa era atribuída a um persa do século VIII, Maysara, filho de Abd Al-Rabi'i.

Procedamos, agora metodicamente, à comparação entre a trama geral desta versão e a do *Paraíso* dantesco.

A primeira e mais óbvia analogia que entre ambas chama a atenção se apoia na pintura imaterial do paraíso em geral. Os dantistas colocaram bem em evidência o abismo, a este respeito, entre o paraíso dantesco e todos os seus precursores, cristãos ou não cristãos[70], conhecidos até aquele momento; no lugar, de fato, das paupérrimas e infantis concepções de um céu material e humano que permeiam todos os precursores dantescos, Dante utilizou os fenômenos mais delicados e fugazes da natureza, ou seja, os fenômenos lumi-

---

69. O termo *ishrâqî* pode ser traduzido como filosofia iluminativa (Cf. Nasr, 1973: 54, nota 43). (N.T.)

70. Cf. Rossi, I, 165, 168.

nosos e acústicos, reduzindo a vida celestial a uma divina festa de luzes e sons. Agora vejamos: luzes e cantos são também os dois elementos pictóricos que permeiam quase que exclusivamente o paraíso desta redação C.

Mas, deixando de lado as semelhanças gerais, estudemos concretamente as passagens análogas ou idênticas em ambas as narrativas.

Em várias ocasiões Muhammad pondera sobre a velocidade do voo de sua ascensão; mas em duas delas, em sua reflexão, utiliza a metáfora do vento e da flecha lançada pelo arco[71]. Dante se serve dessa mesma metáfora, a flecha, ao ascender ao céu da Lua e ao de Marte[72]; compara a velocidade das almas que voam a seu encontro na esfera de Vênus com a velocidade do vento e, com o redemoinho, enfim, a ascensão das almas que lhe aparecem no céu de Saturno[73].

A impossibilidade de descrever o que vê em cada uma das etapas de sua ascensão é um tópico do qual Muhammad abusa repetidas vezes. A mesma hipérbole vem à boca de Dante no prólogo e em mais cinco cantos de seu *Paraiso*[74]. Outro tópico similar ao anterior consiste em Muhammad declarar que não lhe é lícito referir-se ao que viu. E o mesmo tópico reaparece em várias passagens do *Paraiso* dantesco[75].

Há outro traço que se repete até a saciedade em quase todos os episódios da ascensão muçulmana: Muhammad, ao subir a cada nova etapa do céu, fica ofuscado diante do brilho das luzes que se apresentam a ele, e acredita ficar cego; mas Gabriel o conforta e o

---

71. Cf. supra, parágrafos h e k.

72. *Paraíso*, II, 23- 24 e V, 91-92.

73. *Paraíso*, VIII, 22 – 24 e XXII, 99.

74. *Paraíso*, I, 4 – 9; X, 43 – 47; XXII, 55-59; XXX, 19-22; XXXI, 136-138; XXXIII, 55-56 e 106.

75. Cf. as passagens citadas em nota anterior. Acrescentar: XXXIII, 90, 121-123, 139, 142.

anima, roga por ele a Deus, e logo Muhammad adverte que foi outorgada uma nova e sobrenatural energia a seus olhos, que Deus aguçou sua visão e que já pode contemplar sem obstáculos as luzes que antes o ofuscavam. Esta mesma cena se repete também e muitas vezes, com as mesmas palavras, em mais de dez episódios do paraíso dantesco[76].

Os trabalhos de Gabriel em todas as etapas da ascensão se reduzem a estes: elevar Muhammad de esfera em esfera; guiá-lo, instruí-lo e confortá-lo; exatamente os mesmos que desempenha Beatriz em relação a Dante. Além disso, Gabriel roga a Deus em favor de Muhammad e o convida a agradecer ao Senhor pelo sublime benefício de elevá-lo aos céus, cena idêntica à que nos oferece o *Paraiso* dantesco[77]. Mas a analogia mais estranha é que Beatriz guia Dante somente até certo ponto em sua ascensão, porque, ao chegar ao Empíreo, abandona-o para ser substituída por São Bernardo[78]. Ora, tampouco Gabriel acompanha Muhammad na última etapa de sua ascensão, uma vez que ao chegar próximo ao Trono de Deus, abandona-o também, sendo substituído por uma grinalda, uma coroa luminosa e espiritual que conduz o Profeta até a presença divina. Não se pode omitir a semelhança desta coroa luminosa com aquela outra "*facella, formata in cerchio a guisa di corona*" que, no oitavo céu Dante vê descer do Empíreo[79]. Note-se ainda que Gabriel explica a

---

76. *Paraíso*, III, 128 – 129; XIV,77 – 78 e 82; XXV, 118-121; XXIII, 28-33, 76- 84 e 118-119; XXVIII, 16-18; XXIX, 8-9; XXX, 46-51 e 55-60; XXXIII, 52-54 e 76-84.
77. *Paraíso*, X, 52-54. Cf. também Paraíso, II, 29-30, XXXI e XXXIII.
78. *Paraíso*, XXXI, 58- 60.
79. *Paraíso*, XXXI, 58-60.

Muhammad a natureza e as hierarquias dos coros angélicos[80], como Beatriz a Dante no nono céu[81].

Examinemos agora a visão da águia gigantesca, formada por milhares de anjos agrupados, que Dante vê no céu de Júpiter[82]. Todos os dantistas têm pensado sobre a beleza artística de tão original e simbólica imagem, sem precedente algum nas visões celestiais dos precursores cristãos da *Divina Comédia*. Eu, no entanto, me atreveria a propor como esboço deste grandioso quadro aquela primeira visão do galo gigantesco que abre a ascensão de Muhammad. A águia dantesca está, efetivamente, constituída por incontáveis espíritos bem-aventurados, cintilantes, dotados de rostos e asas, que entoam cânticos harmoniosos. Do mesmo modo, o gigantesco e deslumbrante galo da narrativa muçulmana preenche o céu, agitando suas asas e entoando piedosos louvores. Levando em consideração que, segundo vários *ahadith* autênticos, o galo é de natureza angélica e que na mesma narrativa se repetem visões de anjos, formados pelo monstruoso amálgama de infinitos rostos e asas, é possível compreender quão tentador seria para um artista como Dante enxertar ambos os esboços para compor a híbrida e belíssima imagem da águia.

Os anjos que voam ao redor da rosa mística[83] parecem também um rascunho do que Muhammad encontra no primeiro céu, formado de fogo e de neve. Aqueles anjos, efetivamente, "tinham o rosto de viva chama" e "o restante, de tal brancura, que superava a da neve".

Mas não é somente em pequenos traços descritivos, mas também nos traços gerais de episódios inteiros nos quais se encontram analogias. Ao chegar ao céu das estrelas fixas, Dante contempla todas

---

80. Cf. supra, parágrafo j.
81. *Paraíso*, XXVIII – XXIX.
82. *Paraíso*, XVIII – XX.
83. *Paraíso*, XXXI.

as esferas a seus pés, os planetas girando velozmente em suas órbitas, e o globo da terra tão pequeno que ele ri de sua mesquinha aparência[84]. Neste episódio dantesco é possível reconhecer uma transcrição bastante fiel de outros dois episódios desta redação: recorde-se que, ao chegar ao céu teológico, Muhammad contempla a criação e reflete sobre sua mesquinhez, ao lado da morada divina[85]; e que mais tarde, depois de seu êxtase, contempla, de uma só vez, claramente, toda a máquina do Cosmos, até chegar à superfície da terra[86].

Mas o argumento definitivo e irrecusável se fundamenta cabalmente no último episódio que coroa com sua esplêndida apoteose o *Paraíso* dantesco, fechando com chave de ouro todo o divino poema. Referimo-nos à visão beatífica da divina essência[87]. Dante a vê como um foco luminoso, circundado por nove círculos de anjos resplandecentes, que giram sem cessar, entoando cânticos de *Hosana*. Dante ousa colocar seu olhar no foco da luz eterna e fica deslumbrado; mas logo consegue, aguçada a visão, penetrar por graus em sua contemplação, e acaba por fixá-la unindo-a ao foco. E ele se declara impotente para descrever o que viu, porque o êxtase apagou sua recordação e, ainda que se recordasse, a imprecisão seria indescritível. Tudo o que Dante descreve de sua visão se reduz a estes fenômenos subjetivos: clara, persistente e progressiva contemplação intelectual; torpor e suspensão do ânimo; intenso gozo e doçura espiritual.

Em vão os dantistas têm buscado por antecedentes desta sublime apoteose. Por isso, sua evidente identidade com a narrativa muçulmana adquire, aos nossos olhos, uma força demonstrativa irrecusável. É preciso observar, como em nossa narrativa rodeiam o

---

84. *Paraíso*, XXII, 124-129, 133-135, 148-153.

85. Cf. supra, parágrafo k.

86. Cf. supra, parágrafo i.

87. *Paraíso*, XXVIII e XXXIII.

Divino Trono fileiras de anjos, que entoam cantos e irradiam torrentes de luz; como seu número total é nove, e como enfim, todos giram em movimento circular e incessante em torno de Deus que é, como na visão dantesca, um foco de luz indescritível. Muhammad se refere, além disso, à sua visão beatífica como o faz o poeta florentino: primeiro teme ficar cego; logo, sua visão se aguça e obtém continuidade em uma visão, que não pode descrever; só se recorda de que a contemplação produziu nele uma espécie de suspensão do ânimo, êxtase ou torpor, precedido de um intenso gozo.

Depois de tamanhas coincidências, como não reconhecer a filiação do *Paraiso* de Dante a esta redação muçulmana do século VIII? E tenha-se em conta que outros traços de menor relevo foram excluídos do paralelo anterior, para não o fazer prolixo.

4.
Terceiro ciclo: redações fundidas do *isrá* e do *mi'raj*

As versões deste terceiro ciclo são, em sua maior parte, repetição e cópia das anteriores; mas despertam o interesse por nos mostrar como a narrativa se sistematiza, fundindo em um só relato as duas correntes fragmentárias dos dois primeiros ciclos. Analisaremos uma só redação, com o quase exclusivo fim de oferecer ao leitor o mais remoto tipo de narrativa medieval, não cristã, na qual os dois atos principais da *Divina Comédia* – ou seja, a visita ao inferno e ao purgatório e a ascensão ao paraíso – se sucedem também sem solução de continuidade, como no poema dantesco. E dizemos mais remoto porque a encontramos no século IX, no *Tafsir* de Al-Tabarí[88], que a atribui a tradicionalistas anteriores a ele. Eis aqui a sua análise:

---

88. XV, 3-10.

Muhammad é despertado e purificado por Gabriel, como na redação A do segundo ciclo. Ao começar seu caminho, uma velha, coberta de adornos, tenta, com bajulações, deter Muhammad, mas o profeta a rechaça, e Gabriel lhe explica que aquela velha é uma representação alegórica do mundo, breve e caduco, mas adornado com a pele dos deleites. Algumas vozes – as vocações judaica e cristã – e o diabo tentam também deter Muhammad, sem conseguirem. Continua com o encontro com Abraão, Moisés e Jesus, com quem o viajante conversa. Em seguida são descritos tormentos, análogos a outros já conhecidos, e visões alegóricas: por exemplo, a de um lenhador ancião – o rico avarento – que, apesar de suas esgotadas forças, se empenha em aumentar seu feixe de lenha, etc. Muhammad passa então por dois vales, que personificam, um, o céu, e outro, o inferno. Tendo chegado a Jerusalém, termina a viagem noturna e começa a ascensão, análoga à descrita na redação A do segundo ciclo. No sétimo céu se inserta, com algumas variantes, o episódio do jardim ou seio de Abraão, que vimos na redação B do primeiro ciclo. Aqui, os pecadores de rosto manchado se lavam sucessivamente em três rios – símbolos da misericórdia, da graça e da glória divinas -, purificando-se gradualmente. Segue-se a visita ao Lótus do Termo e o colóquio familiar entre Muhammad e Deus.

O interesse dessa narrativa está, como dissemos, na fusão, em um relato contínuo e orgânico, das duas grandes cenas que integram a divina comédia muçulmana: visita aos reinos da pena e ascensão à morada da bem-aventurança. E isto mais por motivos artísticos, mais que por razões teológicas, ou seja, para saciar a curiosidade dos fiéis, que estariam ansiosos por um relato total, integrado pela viagem noturna e pela ascensão, mas com o fim de justificar logicamente a variada e contraditória multidão de versões fragmentárias sobre um mesmo fato, ainda que este último objetivo tenha realmente influenciado os teólogos e exegetas de mais tardia época.

Das duas grandes partes que integram a narrativa, a primeira, ou seja, a viagem noturna, abunda em episódios em que aparece um elemento inusitado em outras redações: o alegórico-moral, que tanta importância tem no poema dantesco. Vossler[89] assinala o mérito de Dante por haver acertado em fundir as duas formas imperfeitas do estilo visionário medieval, a religiosa ou apocalíptica e a profana ou alegórica, e como este mérito se intensifica diante da ausência de precedentes clássicos ou cristãos. Por isso tem interesse a abundância de visões alegóricas nesta redação da viagem noturna; porque se é certo que muito poucas dessas alegorias possam apresentar-se como modelo das dantescas, o simples fato de serem tão abundantes em uma narrativa muçulmana cujo influxo na *Divina Comédia* é tão evidente sob outros aspectos, faz suspeitar que algumas das alegorias dantescas – cuja explicação, segundo Vossler, não deriva de seus precursores - poderiam depender do riquíssimo tesouro alegórico da literatura muçulmana.

Antes de iniciar uma análise sistemática, entretanto, destacaremos, como sintoma, um exemplo bem típico: a visão alegórica da velha que encontra Muhammad e que Gabriel interpreta como um símbolo da tentação do mundo. É transparente sua semelhança com a visão que Dante tem em sonhos, ao chegar ao quinto círculo do purgatório[90]. Trata-se também de uma mulher desprovida de atrativos, mas que exerce uma fascinante sedução. Ainda que o poeta florentino habilmente tenha introduzido nela traços e alusões clássicas (como, por exemplo, a fábula de Ulisses e as sereias), a semelhança é tal que todos os comentaristas coincidem em interpretar a visão de Dante

89. Vossler, II, 1, 216 (= 772).

90. *Purgatório*, XIX, 7-36; 55-60.

como um símbolo da falsa felicidade mundana[91], que é como a interpretam Gabriel e Muhammad. Esta coincidência é bem significativa.

Há outra semelhança significativa desta redação com o purgatório dantesco: três vezes, efetivamente, Dante tem de ser purificado e em três caudais de água diferentes, para poder entrar nas moradas celestiais[92]. Como não ver nesta cena tripla de purificação dantesca um arremedo das mesmas três abluções a que se veem submetidas as almas pecadoras e penitentes nos três rios do jardim de Abraão?

5.
Evolução posterior da narrativa

As literaturas religiosas – e nenhuma, talvez, tão impregnada deste caráter como a islâmica – são essencialmente conservadoras e, quando uma narrativa como esta da ascensão de Muhammad consegue uma vida tão pletórica em redações no breve período de dois séculos (séculos VII ao IX), acaba se cristalizando definitivamente em uma forma sincrética das principais versões aceitas como autênticas. Assim, tudo o que se desenvolveu nos séculos seguintes sobre esta narrativa se reduz a comentários ou glosas, adaptações alegórico-místicas e adaptações literárias, obras que criam ao redor da narrativa uma literatura copiosíssima que oferece aspectos muito análogos aos que, séculos mais tarde, surgiram na Europa ao redor e a propósito do poema dantesco.

O gênero de comentários teológicos foi, sem dúvida, o mais copioso. Todos os inumeráveis livros de exegese do *Corão*, os comentários das coleções de *ahadith* autênticos, a riquíssima literatura his-

---

91. Cf. Fraticelli, 310, núm. 7; Landino, 269; Scartazzini, 536 e 539.

92. *Purgatório*, XXXI, 100-103; XXXIII, 127-129; 142-145.

tórica, formada pelas biografias de Muhammad e dos profetas bem como pelas histórias gerais do Islam, ocupam-se inevitavelmente do episódio de ascensão do Profeta[93]. Também existem tratados escritos a propósito da narrativa. No século X aparece o *Qurrat Al-'uyun*, de Abu'l-Layt Samarqandî, ainda que esta literatura só tenha adquirido o seu apogeu depois do século XII. Os autores destas obras se propõem o problema da coordenação de várias redações do *isrá* e do *mi'raj*, assim como outras várias questões históricas e teológicas.

A divina comedia muçulmana foi, como a dantesca e, muito antes dela, esquadrinhada em todas as suas palavras e explicada até os seus mais insignificantes detalhes. O valor destes tratados exegéticos consiste em que completam o texto tradicional da narrativa, inserindo episódios ou cenas novas, que por vezes apresentam também analogias com a *Divina Comédia.*

Assim, no tratado de Guití narra-se como um *ifrit*[94] ameaça Muhammad, do mesmo modo que um diabo ameaça Dante no quinto fosso do oitavo círculo infernal[95]. Na mesma obra, também se conta que o Profeta viu uma preciosa escada elevar-se do templo de Jerusalém ao céu, análoga à que Dante contemplou no céu de Saturno[96]. E em muitos destes comentários, Muhammad encontra nos céus que visita um grande número de personagens secundários, aproximando ainda mais a narrativa muçulmana do esquema da

---

93. Chauvin, IX, passim e X, 206-208.

94. Gênio. Sobre esse tratado, confrontar a versão integral do trabalho: Asín Palacios, Miguel (1919). *La escatologia musulmana en la* Divina Comedia *de Dante Alighieri.* Madrid: Imprenta Stanislao Maestre, pp. 53 – 56. Disponível em: https://www.rae.es/sites/default/files/Discurso_ingreso_Miguel_Asin.pdf (N.T.)

95. *Inferno*, XXI, 22-23; 58-105. (N.T.)

96. *Paraíso*, XXI e XXII.

Divina Comédia, onde as esferas celestes aparecem abundantemente povoadas de bem-aventurados.

Uma vez fixado pela Igreja islâmica o texto autêntico, ficava coibida a criatividade dos fiéis para alterar suas bases; mas esta censura foi amplamente compensada pela fecunda elaboração que este texto sofreu do ponto de vista formal. Assim, foram escritas narrativas em prosa rimada e até poemas sobre o tema da ascensão, nos quais a criatividade oriental emprega seus mais esplêndidos adornos e recursos.

Mais tarde, o suposto fato histórico da ascensão de Muhammad se acomoda ou se aplica a outros seres físicos ou espirituais, reais ou simbólicos, que realizam sua viagem às regiões de bem-aventurança, seguindo as mesmas etapas de Muhammad em seu *mi'raj*. Exemplo corriqueiro é o da narrativa da ascensão da alma do morto, que ao sair do corpo, conduzida pelo seu anjo da guarda, até chegar, através dos céus astronômicos, ao Trono de Deus, para ser julgada, ou a dos anjos da guarda que sobem cada dia aos céus para apresentar a Deus as boas obras daqueles fiéis sob sua custódia.

Em seguida, as almas depois da morte ou os entes metafísicos personificados foram substituídos por pessoas reais. Os sufis ou místicos se arrogaram o papel de protagonistas em substituição a Muhammad, uma adaptação da narrativa de fácil explicação, já que o *sufi* é o tipo simbólico do homem perfectível que, pela purificação gradual de suas paixões, ascende às alturas da vida contemplativa e goza, em seus êxtases, de parte da felicidade própria da visão beatífica. Os modelos mais interessantes da narrativa nesta etapa de sua evolução nos são oferecidos pelo príncipe da mística hispano-muçulmana, o murciano Muhyiddin Ibn 'Arabî, que morreu na primeira metade do século XIII, vinte cinco anos antes que nascesse o poeta florentino.

Em seu *Livro da Viagem Noturna até a Majestade do mais Generoso*, Ibn 'Arabî se aproveita da ascensão de um homem aos céus para simbolizar o drama místico da regeneração moral das almas pela fé e virtudes teológicas. Agora veja-se: na *Divina Comédia*, como no *Convívio*, Dante, segundo confessa claramente em sua *Epístola a Can Grande della Scala*, também se propôs a alegorizar a redenção moral da Humanidade. Portanto, às múltiplas analogias que guardam a *Divina Comédia* e o *mi'raj* muhammadiano é preciso agregar, sem dúvida, esta nova e surpreendente coincidência quanto à intenção alegórica em que ambas as narrativas se inspiraram.

Ibn 'Arabî insere uma nova ascensão alegórico-mística em sua obra monumental *Al-Fûtûhat AL-Makkiyya*, ou, *As revelações de Meca*. Sob o título "A alquimia da felicidade", sugere já o significado esotérico da alegoria. Eis aqui uma breve análise de seu conteúdo[97]:

> Um teólogo e um filósofo racionalista, guiados, respectivamente, pela fé e pela razão, empreendem simultaneamente um caminho que há de levá-los a Deus. As sete primeiras etapas de sua ascensão correspondem aos céus astronômicos ou esferas celestes: Lua, Mercúrio, Vênus, Sol, Marte, Júpiter e Saturno. Em cada uma delas, ambos encontram diferente acolhida. O teólogo é recebido e festejado pelos profetas, que lhe revelam e explicam sublimes mistérios. O filósofo, por outro lado, tem que se limitar a conversar com as inteligências que, segundo a cosmogonia neoplatônica, movem as esferas celestes, e que nesta alegoria desempenham o humilde ofício de servos dos profetas. O ensinamento que o filósofo recebe destas inteligências é muito menos profundo e transcendente que o conseguido pelo teólogo. No céu de Saturno, Abraão, que estava encostado no muro da Casa Habitada, introduz nela o teólogo, deixando fora o filósofo.

97. *Fûtûhât*, II, cap. 167, págs. 356-375. A alegoria da ascensão começa propriamente na página 360.

> O teólogo sobe, então, primeiro, ao Lótus do Termo; logo, à esfera das estrelas fixas e, por último, à do Zodíaco. A luz que emana do Trono divino o faz cair em êxtase. Quando ele sai deste estado, contempla este Trono, sustentado por cinco anjos e três profetas: Adão, Abraão e Muhammad.
>
> O teólogo percorre ainda outras etapas, pertencentes ao mundo espiritual, ou das ideias platônicas, ao fim das quais desce em busca do filósofo, que em seu retorno se converte ao islamismo para poder gozar das altas contemplações místicas que lhe foram vedadas em sua frustrada ascensão.

A interpretação que Ibn 'Arabî dá a esta ficção alegórica é idêntica à dada pelo poeta florentino em sua obra, na *Epístola* antes mencionada, e no tratado *De Monarchia*. A viagem é, para ambos, um símbolo da vida moral das almas cujo fim último é a fruição da visão beatífica, inexequível apenas por meio da razão filosófica, sem o auxílio do magistério sobrenatural ou da teologia. Mas, além destas linhas gerais, é possível observar também algumas outras semelhanças episódicas.

No paraíso dantesco, os bem-aventurados descem do Empíreo para ajudar Dante nas diferentes esferas astronômicas; mas logo retornam à sua sede habitual, e assim o poeta os vê novamente, reunidos já no céu das estrelas fixas. Do mesmo modo, Ibn 'Arabî faz com que os profetas saiam ao encontro do teólogo nas diferentes esferas; mas quando o viajante chega ao céu das estrelas fixas, vê outra vez dois deles, Adão e Abraão, próximos ao divino Trono.

A distribuição das almas nas esferas obedece, em Dante, a um critério astrológico-moral: quanto maior o mérito, maior a elevação de sua esfera. Exatamente como na alegoria de Ibn 'Arabî, onde os profetas se distribuem de acordo com sua maior dignidade ou excelência moral. Além disso, aqui, como em Dante, cada esfera está designada não por um número de ordem, mas pelo nome do astro que a povoa.

Por último, assim como Dante põe na boca de Beatriz e de alguns bem-aventurados longos discursos de teologia, filosofia, astronomia etc., do mesmo modo Ibn 'Arabî atribui a cada profeta, acima de todos os problemas de seu sistema teosófico, lições obscuras e complicadas. E há também que se destacar como coincidência este estilo confuso, intrincado e enigmático que caracteriza ambas as obras.

Uma adaptação puramente literária da narrativa é aquela devida ao grande poeta livre-pensador Abu-Al-Allah Al-Ma'arri, que floresceu na Síria durante os séculos X e XI[98] de nossa era. Trata-se de sua epístola literária intitulada *Risalat Al-Gufrán* ou *Epístola do Perdão*, na qual Ma'arri teve a ousadia de atribuir as cenas da ascensão profética a um homem qualquer, pecador e não-santo, e com um fim inspirado em frivolidades literárias e em ironias irreligiosas. A ocasião que o moveu a escrever esta epístola foi fazer uma censura irônica a outra, recebida de seu amigo Ibn Al-Qârih, literato de Alepo, em que este teria humilhado os poetas e sábios ímpios e libertinos.

Eis aqui um sucinto resumo da *Risalat*:

---

98. Quase cego já aos três anos de idade, Abu Al-Ala teve uma infância dedicada aos estudos da filosofia e literatura árabes, ensinadas por seu pai, que notara a precoce inteligência do filho. Sua cegueira foi responsável por sua prodigiosa memória, que gerou narrativas como a de que sabia de cor a maioria dos dicionários árabes. Teve opiniões audaciosas, ofendeu alguns e ironizou algumas crenças vigentes. Contudo, sua ironia não pretendia provocar o riso, e sim a reflexão. Criticou os hábitos sociais, o poder, as ilusões dos filósofos, sempre com uma carga muito grande de pessimismo. Morreu em março de 1057. Quarenta e oito poetas prestaram-lhe homenagem em seu funeral (Cf. Nasr, 2007: 850). (N.T.)

Deus premia os méritos de Ibn Al-Qârih, transportando-o às moradas celestiais, onde em deleitosos pomares contempla os poetas, novelistas, gramáticos, filólogos e críticos, em animadas tertúlias e conversando sobre temas literários. Ibn Al-Qârih dialoga com eles, assim como com outros muitos que se encontram em sucessivas etapas de sua viagem, quase todos poetas anti-islâmicos, aos quais Deus livrou do fogo infernal, apesar de sua infidelidade. A conversa aborda geralmente temas de exegeses, crítica e história literária, sugeridos pelas próprias obras de seus interlocutores.

Em seguida, Ibn Al-Qârih encontra duas belíssimas jovens, que supõe serem huris[99] celestiais; mas elas lhe dizem que são duas mulheres do mundo: Hamduna, que foi em vida a mulher mais feia de Alepo, e Tawfiq, a negra, que entregava os livros aos copistas na biblioteca de Bagdá.

Na sequência o viajante se dirige ao inferno. Primeiramente, vê cidades obscuras, espalhadas por vales sombrios; aquele é o jardim dos gênios, onde o poeta Jayta'ur lhe recita poemas e cantos épicos nos quais são celebrados os feitos memoráveis de sua linhagem. Retomada a viagem, cruzam o caminho de Ibn Al-Qârih um feroz leão e um lobo faminto, símbolos dos milagres de Muhammad. Já no inferno, o visitante vê Iblis, sob por férreas correntes, e muitos célebres poetas, que sofrem crudelíssimos tormentos.

De volta ao jardim celestial, Ibn Al-Qârih encontra Adão, com quem conversa sobre a língua falada no paraíso. Uma vez na morada celeste, a huri destinada ao seu serviço pessoal docemente lhe reprova a longa demora. Em seguida, vê um coro de

99. Assim são designadas as "virgens" que habitam o paraíso islâmico (Nasr, 2007: 851). (N.T.)

outras huris que rodeiam a belíssima amada de Imru' Al-Qays. Por fim, depois de um colóquio com os poetas que escreveram em métrica rajaz, sobe à glória para gozar a bem-aventurança[100].

Estamos na presença de uma viagem ao além-túmulo onde o viajante já não é um profeta e nem sequer um místico, senão que um simples homem pecador, como Dante. Os personagens episódicos são também, em sua maioria, meros homens, pecadores e até infiéis penitentes, como na viagem dantesca. O caráter, pois, humano, realista, terrestre, por assim dizer, das duas primeiras partes da *Divina Comédia*, encontra então seu tipo ou precedente nesta obra de Ma'arri.

Muitos são os artifícios ou recursos gerais, comuns a ambas as fábulas. As duas, com o pretexto da viagem, são ricas galerias de figuras históricas, legendárias e recentemente mortas. Nas duas os personagens estão agrupados no céu ou isolados no inferno. As conversas com eles são, em ambas as narrativas, principalmente literárias, ou alusivas a fatos da vida terrena das almas com quem conversam os viajantes. Finalmente, assim como Ma'arri, deixando-se levar por suas simpatias ou antipatias literárias, supõe no céu homens famosos por sua infidelidade, suas impiedades ou sua vida libertina, do mesmo modo Dante exclui das penas infernais heróis, poetas e sábios pagãos ou muçulmanos, colocando-os no limbo, ou no purgatório, ou no mesmo céu.

Mas também encontramos episódios concretos, semelhantes ou idênticos em ambas as fábulas. Assim, o encontro com as duas donzelas celestiais, que o peregrino acredita serem *huris*, nos recorda os encontros de Dante com La Pia de Siena no purgatório, com

100. Um resumo bem mais completo da obra pode ser encontrado em: Nasr, 1973: 294-302. (N.T.)

Piccarda Donati no céu da Lua e com Cunizza de Padua no de Vênus[101]. Dante, ao empreender a sua marcha, vê seu caminho fechado por três feras: uma pantera, um leão e uma loba e, ultrapassados estes perigos, encontra Virgílio[102]. Ibn Al-Qârih, depois de conversar com Jayta'ur, o poeta dos gênios, vê seu caminho fechado por um lobo e um leão. Outra analogia flagrante é o encontro com Adão: também Dante se encontra com ele e, em ambas as narrativas o tema do colóquio é a língua primitiva que aquele falou[103]. Finalmente, a *huri* destinada por Deus ao serviço pessoal de Ibn Al-Qârih parece ser o protótipo da belíssima Matilde, que também acolhe sorridente o florentino na entrada do bosque do paraíso terrestre. E assim como Dante vê, então, o cortejo de donzelas e anciãos que precede Beatriz, o viajante muçulmano contempla o mesmo, as *huris* que fazem a corte à belíssima amada de Imru' Al-Qays [104].

---

101. Purgatório, V, 133; Paraíso, III, 49; IX, 32.

102. Inferno, I.

103. Paraíso, XXVI, 79 e ss.

104. Purgatório, XXVIII – XXX.

II.

A *Divina Comédia* cotejada com outras narrativas muçulmanas de além-túmulo

1. Introdução

As estreitas analogias que demonstramos entre a *Divina Comédia* e a narrativa muçulmana do *mi'raj* propõem um conjunto de problemas interessantes à história da literatura, todos eles relativos à originalidade do poema dantesco. Os dados até aqui conhecidos bastariam para resolver estes problemas; mas o interesse e a transcendência da questão reclamam um estudo mais profundo e minucioso, a fim de averiguar se muitos dos traços, episódios ou cenas do poema dantesco, cuja originalidade saiu triunfante do cotejo anterior com a narrativa do *mi'raj*, são realmente originais ou têm seus precedentes em outras narrativas e crenças também muçulmanas.

Para estabelecer alguma ordem que torne mais cômodo e claro este segundo cotejo, tomaremos a própria *Divina Comédia* como guia, estudando sucessivamente algumas das descrições topográficas e das cenas dramáticas do limbo, inferno, purgatório, paraíso terrestre e paraíso celestial, cujos modelos acreditamos terem sido encontrados em fontes arábes[105].

---

105. Nesta etapa suprimimos muitas das citações da *Divina Comédia*, já que nosso estudo segue a ordem do poema. Também suprimimos, tal como na terceira parte, a citação precisa dos *ahadith* ou tradições islâmicas citadas, que não teria interesse para o leitor não especialista. Na bibliografia podem ser consultadas as coleções de *ahadith* utilizados. Para as referências exatas de cada tradição, ver: Asín Palacios, Miguel (1919). *La escatologia musulmana en la Divina Comedia de Dante Alighieri*. Madrid:

Mas, antes, será conveniente ver se a doutrina teológica do Islam sobre a vida futura coincide com a cristã no que tange ao mesmo ponto, a fim de que possamos admitir ou rechaçar, *a priori*, a probabilidade de que qualquer semelhança entre o dantesco e o arabe, conforme as teologias, cristã e muçulmana, coincidam ou não quanto à maneira de conceber a vida além-túmulo.

Dificilmente será possível encontrar um dogma no qual as duas religiões estejam mais de acordo do que este dogma escatológico: o credo cristão e o credo muçulmano coincidem em afirmar quatro estados das almas depois da morte – céu, inferno, purgatório e limbo -, cuja lúcida exposição foi feita por Al-Gazali (século XI) nas páginas de sua *Ihya Ulum Al-Din*[106]. Nem é estranho, dado que o Islam, para São João Damasceno, que o conhecia à perfeição, não era mais do que uma heresia cristã, que negava a Trindade e a divindade de Cristo e, fora destes dois dogmas, Al-Gazali confessava e admitia como verdade infalível todo o fundo da fé cristã[107].

2.
O Limbo muçulmano na *Divina Comédia*

O primeiro lugar de além-túmulo visitado por Dante é o que corresponde às almas que morreram sem mérito nem demérito. Dante o denomina *limbo*, nome de origem obscura, que em Virgílio, Ovídio e Estácio, significou "franja ou borda com que se adornava a

---

Imprenta Stanislao Maestre, pp. 53 – 56. Disponível em: https://www.rae.es/sites/default/files/Discurso_ingreso_Miguel_Asin.pdf (N.T.)

106. *Ihya*, IV, 17-23. A obra é conhecida em português como a *Revivificação das Ciências Religiosas*. (N.T.)

107. Quísas, 60. Sobre as influências cristãs no islamismo e especialmente em Al-Gazali, cf. Asín, *La mystique d'Al-Gazzâlî*, 67-104, e *Ibn Masarra*, 12-16.

parte de baixo do vestido", ou ainda "costa do mar". Convém advertir que o uso deste nome, limbo, para designar o que a Bíblia e os padres chamam *Seio de Abraão*, começa a acontecer somente por volta do século XIII.

Dante localiza esta morada acima do inferno e a divide em duas partes: uma, o ante inferno, que é uma extensa planície, e outra, o limbo propriamente dito, que é um profundo vale cheio de árvores, onde se levanta uma fortaleza rodeada de sete muralhas com sete portas, através das quais se passa a uma amena pradaria, onde se encontra um lugar luminoso, alto e aberto aos olhares. Habitam o limbo as crianças que morreram sem batismo, alguns pagãos justos – entre os quais há muçulmanos como Saladino, Avicena e Averróis –, e os anjos neutros da rebelião de Lúcifer. Seu suplício é somente a dor moral de carecer da visão de Deus. Estão como que suspensos (*sospesi*) entre o inferno e o céu. Esta condição intermediária parece que lhes dá aptidão para conhecer e lidar – como vemos em Virgílio – com moradores do céu e do inferno. Nem o nome do limbo nem a sua topografia, nem a determinação das categorias de seus habitantes têm precedentes bíblicos ou teológicos. O dogma católico é, neste ponto como em quase toda a escatologia, de uma sobriedade prudente e discretíssima. Vejamos, por outro lado, se nome, topografia e habitantes do limbo encontram explicação no *Corão* e outras tradições muçulmanas.

O *Corão* (VII:44-46) fala de uma mansão que separa os bem-aventurados dos réprobos, e a chama *Al-A'raf*, nome que significa "as partes superiores da cortina ou véu", "a crina do cavalo, a crista do galo e tudo o que sobressai de uma coisa", e, enfim, "todo limite ou término entre duas coisas". Recordemos agora que *limbus* era a orla ou sanefa de um tecido, ou o limite entre mar e terra, quer dizer, a praia ou a margem.

Este limbo muçulmano é descrito pelos tradicionalistas como um vale ameno, cheio de riachos e árvores, ou como um vale profundo que se estende por trás de um monte elevado, ou como muralha circundada por parapeitos, que separa o céu do inferno, bem como uma simples elevação ou colina. Mesclando estes traços entre si e com a descrição do jardim de Abraão, de que falam várias redações do *mi'raj*, a topografia de *Al-A'raf* se assemelha bastante à do limbo dantesco. Recordemos, também, que o inferno muçulmano tinha sete portas e que a cidadela celestial islâmica está circundada por oito muros, através de cujas oito portas entram os eleitos.

Nesta mansão habitam, além das almas que não mereceram prêmio nem pena: 1º, os mártires que, não obstante sê-lo, foram privados do paraíso por desobedecerem a seus pais; 2º, os sábios cuja ciência foi unida à vaidade; 3º, as crianças que morreram antes do uso da razão; 4º, os anjos masculinos ou os gênios crentes. Os dois primeiros grupos equivalem aos heróis, filósofos e poetas do limbo dantesco; o terceiro, ao das crianças não batizadas; e no tocante aos anjos masculinos muçulmanos, são tão enigmáticos quanto os anjos neutros dantescos. O único suplício que padecem é o desejo insatisfeito de entrar no paraíso: "não conseguem entrar, ainda que anseiem por isto" (*Corão*, VII:44). Estão suspensos entre duas mansões opostas – céu e inferno – e, por isto, podem conhecer os habitantes de um e outro e conversar com eles.

3.
O Inferno muçulmano na *Divina Comédia*

Os dantistas antigos e modernos refletiram energicamente sobre a originalidade do poeta florentino em sua concepção arquitetônica do inferno. Esta admiração tem justificativa: todas as descrições dessa morada do além-túmulo, precursoras da dantesca, tanto as clássicas como as bíblicas, patrísticas e monásticas da alta Idade Média, estudadas até a data, são tão triviais, vagas e incolores, que só de muito longe se parecem com a pintura tão rica em colorido, tão simétrica, tão vigorosa e plástica de Dante.

No entanto, ao estudar uma das redações da narrativa do *mi'raj*[108], tivemos ocasião de insinuar como as linhas gerais do inferno dantesco coincidiam exatamente com as traçadas pelo autor daquela redação em sua pintura do inferno muçulmano; mas o desenvolvimento perfeito daquele cotejo exigia uma maior amplitude, que agora encontrará aqui a ocasião e o lugar apropriados.

Antes de qualquer coisa, devemos partir desta afirmação: não se deve aceitar como indiscutível a originalidade do inferno dantesco enquanto não se demonstre que carece de precedentes em outras literaturas religiosas. Esta demonstração foi tentada muitas vezes, ainda que parcialmente: Vossler, por exemplo, resumiu com exatidão admirável o quanto os dantistas averiguaram sobre os precedentes religiosos, filosóficos e artísticos que explicam a *Divina Comédia*. Só uma religião foi excluída deste exame: a muçulmana. E, sem dúvida, o Islam era, entre todas as religiões, a mais rica em narrativas de além-túmulo. Há, pois, que cotejar o inferno muçulmano com o dantesco, antes de dar por certa sua originalidade.

Comecemos pela arquitetura geral de ambos. O inferno muçulmano carece de uma descrição topográfica precisa no *Corão*, mas as tradições muhammadianas coincidem com Dante em localizá-lo abaixo da crosta terrestre e em concebê-lo como um profundo e negro abismo. Sua boca, ou entrada, como na *Divina Comédia*, é colocada também no território de Jerusalém, e mais concretamente, junto ou atrás do muro oriental do Templo de Salomão. Dentro da unidade do conceito arquitetônico que reina no poema dantesco, a Jerusalém terrestre, boca do inferno, coincide em linha vertical com a Jerusalém celeste. Esta mesma correspondência ou projeção vertical se dá na arquitetura do paraíso muçulmano, conforme demonstraremos mais adiante.

---

108. Redação B do segundo ciclo.

Mas as coincidências não se limitam a estas: como já vimos em uma das redações do *mi'raj*, o inferno muçulmano, como o dantesco, está constituído por uma série de pisos ou camadas circulares concêntricas, que progressivamente descem da sua boca até o seu fundo. Esta concepção estrutural foi forjada para interpretar um texto corânico, que diz que o inferno "tem sete portas; para cada porta, um grupo separado" (XV:44). Os exegetas não encontraram maneira de esclarecer a palavra empregada – *bab*, porta –, tomando-a em sentido direto. Por isso lhe deram a interpretação metafórica de degraus ou andares e de estrato, camada, circular. Quando a Ali, genro de Muhammad, perguntaram como eram as portas do inferno, ele "pôs uma das mãos estendidas sobre a outra" [109]. Sobre o número de pisos, não é excepcional na cosmologia muçulmana, que parece obcecada pela virtude mágica da divisão setenária do universo. O poema dantesco mostra igual preocupação pela simetria e pela virtude esotérica de determinado número: são dez as regiões em que se divide cada reino. É claro que a coincidência não é tanta que chegue a ser idêntico o número de moradas em ambos os infernos; mas, fora essa diferença acidental, o critério é o mesmo quanto à simetria.

Cada um dos pisos subterrâneos do inferno muçulmano tem, a exemplo dos círculos dantescos, um nome próprio, uma descrição dos caracteres físicos que o distinguem, e uma categoria particular de réus, condenados a um determinado suplício. Uma tradição, forjada no século II da Hégira, divide de cima a baixo o inferno desta forma: primeiro andar, *Jahannam* ou *Geena*, para os muçulmanos réus de pecado mortal; segundo, *Ladhí*, ou fogo incinerante, para os cristãos; terceiro, *Alhathma*, ou fogo voraz, para os judeus; quarto, *Asair*, ou fogo flamejante, para os sabeus; quinto, *Sácar*, ou fogo ardente, para os zoroastristas; sexto, *Alchahim*, ou

109. Kanz, VIII, 278, nº 3079

fogo intenso, para os politeístas; sétimo, *Alhauía*, ou o abismo, para os hipócritas que simulam a verdadeira fé.

Transcrevemos estas tradições primitivas, popularíssimas entre o vulgo iletrado do Islam, não a título de modelos exatos do inferno dantesco, senão apenas como torpes esboços, nos quais já se insinua, no entanto, a pintura física e moral dos pisos ou círculos infernais. Ainda assim, podem ser encontradas analogias em detalhes, além das gerais, entre algumas destas tradições e o inferno do florentino. Por exemplo, em um *hadith* de Abdullah b. Umar, companheiro de Muhammad, o segundo piso é agitado por ventos desencontrados, como no segundo círculo dantesco; no quinto piso, serpentes enormes devoram os réprobos, tal como acontece com os ladrões do oitavo círculo dantesco; e no último piso é descrita uma região gelada que coincide com o cenário do círculo mais profundo no qual Dante coloca, também dentro do gelo, Lúcifer, que é Iblis, ou, o rei dos diabos na escatologia islâmica; e este Iblis aparece ali sob férreas correntes que prendem suas mãos da mesma estranha forma que os braços do gigante Efialtes naquele mesmo círculo dantesco.

A subdivisão de cada círculo em outros menores, que Dante chama de *gironi* ou *fosse*, vimos também na redação B do segundo ciclo da narrativa do *mi'raj*, como é característica do inferno muçulmano; ali, cada piso aparece subdividido em outras várias moradas sobrepostas.

Por outro lado, o inferno muçulmano, como o dantesco, apresenta uma riqueza extraordinária de acidentes orográficos, hidrográficos e arquitetônicos, que tanto em uma como em outra narrativa têm seus nomes próprios. Estes nomes das regiões infernais derivam, em Dante, dos personagens bíblicos ou clássicos que nelas sofrem seu suplício (Caína, de Caim; a Ptolomeia, de Ptolomeu; a Giudecca, de Judas; a cidade de Dite ou Plutão etc.), ou mesmo das condições físicas e morais do próprio lugar (o oitavo círculo se chama *Malebolge*, porque consta de dez fossas – *bolge* – que são moradas de desgraça e tristeza). Pois bem: esse mesmo duplo critério rege a toponímia do inferno islâmico. Além dos vários nomes anteriormente citados, há outros, que são próprios de acidentes topográficos. Algumas mansões têm o nome de pecadores famosos, como a do Faraó, para onde vão os tiranos; a de Sodoma e Gomorra, na qual são atormentados os pederastas; a de Abuchahlo, ou, dos politeístas, etc. E outras são designadas por nomes alusivos aos pecados castigados ou aos suplícios que nelas têm lugar: alguns vales são chamados *Alguail*, ou, a desgraça; *Aljabal*, ou a ruína; *Alházan*, ou, a tristeza, etc.

O cenário do inferno dantesco coincide, então, com o muçulmano primitivo: ao ser um profundo abismo subterrâneo, constituído por andares graduais ou estratos circulares, cuja profundidade está em razão direta da gravidade dos tormentos; ao estar cada andar principal subdividido em outros menores e acessórios; ao terem, cada um deles, uma denominação especial e alojarem determinadas categorias de réprobos. E estas linhas gerais do cenário infernal não podem ser atribuídas a um modelo arquitetônico comum, de origem cristã, imitado ao mesmo tempo e separadamente, por Dante e pelos tradicionalistas muçulmanos. Cabalmente, a escatologia cristã, tanto ocidental como oriental, anterior ao Islam, é de uma sobriedade singularíssima: nem a Bíblia, nem o Evangelho, nem a literatura patrística entram em tais pormenores descritivos.

As tradições islâmicas que se referem ao inferno foram glosadas de um modo fantástico pelos místicos, que até tentaram, por vezes, interpretá-las por meio de gráficos, esquemas e desenhos. Um desses teólogos místicos anteriores a Dante é o murciano Ibn 'Arabî, cujas ascensões alegóricas vimos quantas sugestivas semelhanças oferecem com a dantesca. Em seu monumental livro *Al-Fûtûhat,* consagra extensos capítulos à descrição do inferno, a qual, ainda que coincida essencialmente com as fontes tradicionais, apresenta algumas inovações interessantes (Fig. 1).

Antes de tudo, cada um dos sete andares está destinado a uma categoria de réus, cuja condenação é devida a um determinado

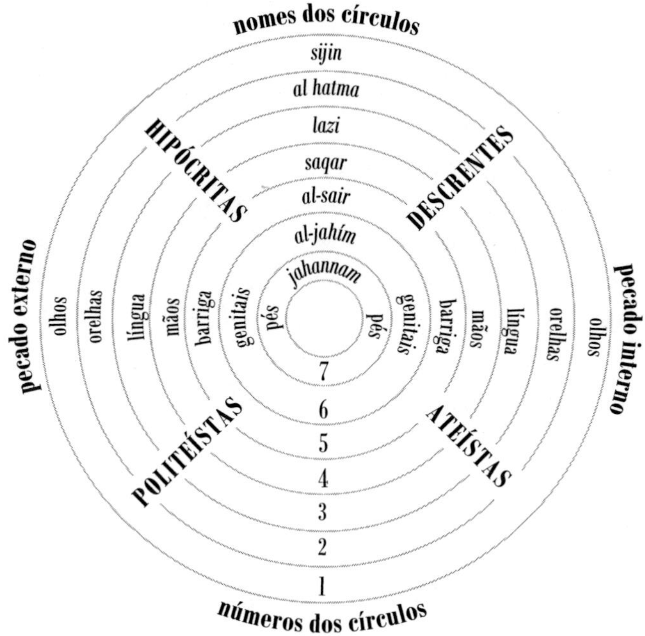

FIGURA 1. Planta do inferno de Ibn 'Arabî

pecado, cometido com um dos sete órgãos do corpo, contando de cima para baixo: olhos, ouvidos, língua, mãos, ventre, genitália e pés. Ibn 'Arabî concilia este critério predominantemente ético com o dogma das tradições primitivas, dividindo cada círculo em quatro quadrantes, destinados às quatro categorias de réus dogmáticos: os incrédulos, os politeístas, os ateus, os hipócritas na fé. De outro ponto de vista, cada círculo se subdivide em duas metades: uma, para os réus do pecado ético respectivo *externo*, ou de ação consumada; outra, para o mesmo pecado *interno*, quer dizer, de pensamento ou desejo. Finalmente, cada círculo contém uma centena de degraus ou sub-andares, subdivididos em moradas, que no total apresentam a mesma soma das mansões celestiais. Ibn 'Arabî, tão aficionado por exemplificar com esquemas geométricos o mais confuso e metafísico, não haveria de omitir este recurso para que seu plano infernal entrasse pelos olhos. E, efetivamente, as páginas de seu *Fûtûhat*[110] conservaram um desenho ou croqui que reproduzimos na sequência, e que é circular, exatamente como o dantesco.

Os dantistas, interpretando graficamente as descrições do poeta florentino, traçaram também planos da arquitetura do inferno, assim como das outras moradas de além-túmulo. Manfredi Porena, em seu *Commento gráfico alla Divina Commedia per uso delle scuole* (Milão, 1902), desenha a planta ou projeção horizontal do inferno dantesco em forma idêntica ao plano infernal de Ibn 'Arabî, salvo a diferença do número de círculos concêntricos, que são dez naquele e sete neste (ver Fig. 2, parte superior ou circular)[111]. Porena a descreve no texto (pág. 9) dizendo que "consta de dez espaços em forma de anel, concêntricos entre si e gradualmente menores e mais profundos".

Mas, além disso, Porena traça (como é possível ver na parte inferior da Fig. 2) o perfil correspondente à planta, ou seja, a seção longitudinal do inferno dantesco, que aparece como uma série de dez degraus de um anfiteatro. Na edição Fraticelli da *Divina Comédia*

---

110. *Futûhât,* III, 557.

111. No inferno de Dante, há uma clara separação entre os pecados por incontinência (luxúria, gula, avareza e prodigalidade, ira e preguiça), punidos até o quinto círculo, e os pecados intencionais, punidos na Cidade de Dite, cujas muralhas compreendem todos os outros círculos, ou seja, do sexto em diante, na direção do centro, como se observa na Figura 2 ao lado. Cabe observar que, no primeiro círculo, o Limbo, nenhum pecado é punido: lá estão os impedidos de ascender ao Paraíso segundo a doutrina católica tradicional, isto é, os nascidos antes de Cristo – várias personagens célebres da antiguidade clássica – como Aristóteles e o próprio Virgílio, guia de Dante – e os não batizados – crianças e três personagens muçulmanas: Avicena, Averróis e Saladino, como mencionado no item anterior. Ao contrário dos outros círculos, trata-se de um lugar agradável. No *Ante-Inferno*, Dante coloca os indolentes (*ignavi*), que são aqueles que nunca se posicionaram durante a vida , como se explica em Inferno III: 31 – 51 (N.T.).

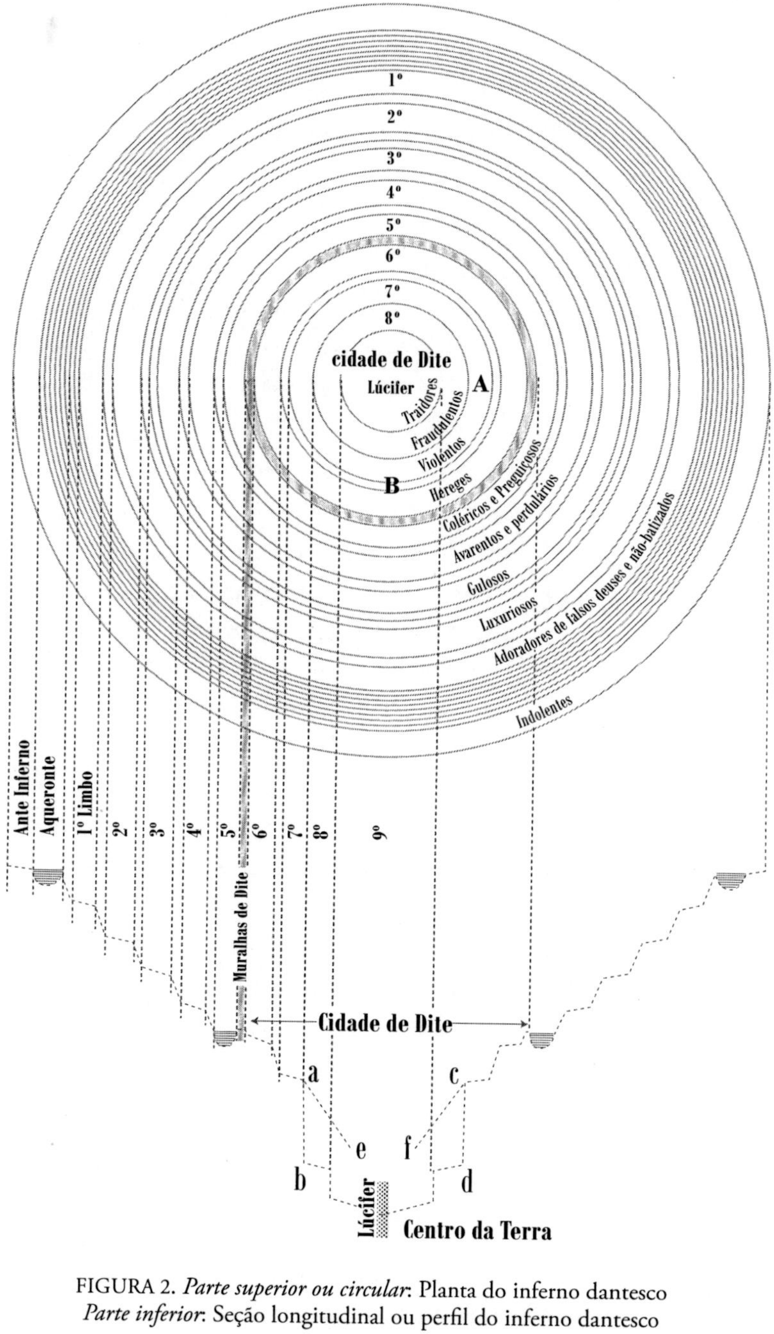

FIGURA 2. *Parte superior ou circular*: Planta do inferno dantesco
Parte inferior: Seção longitudinal ou perfil do inferno dantesco

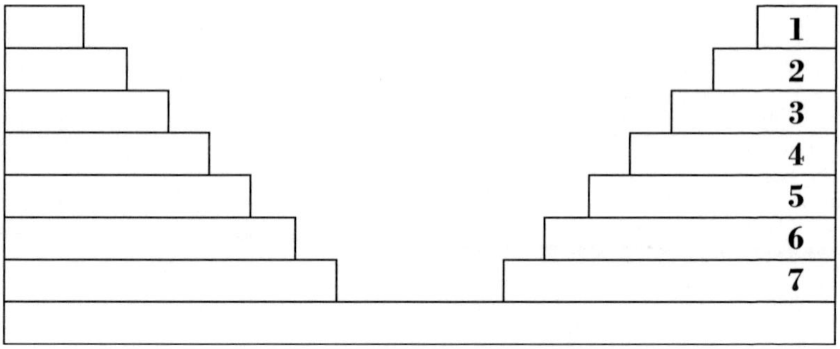

FIGURA 3. Seção longitudinal ou perfil do inferno islâmico

também foi inserido este mesmo desenho de perfil. Ibn 'Arabî não nos dá em seu *Al-Fûtûhat* a figura desta seção longitudinal, mas outros sufis que a traçaram, em substituição à planta, coincidem absolutamente com esses dantistas no desenho do perfil. Na sequência, o perfil do inferno islâmico (Fig. 3)[112] feito pelo autor turco Ibrahim Hakki, que aparece em sua obra enciclopédica *M'rifet Nameh*[113].

Do cenário infernal, já localizado, passemos a estudar os personagens que o povoam e seus suplícios.

Não insistiremos demasiadamente em temas gerais que já tenham sido objeto de comparação na primeira parte de nosso trabalho. Assim, nada diremos, por exemplo, da lei geral do *contrapasso* à qual obedecem aos suplícios do inferno dantesco, o mesmo que os tormentos do inferno muçulmano. Iremos limitar nossa atenção à semelhança dos detalhes pitorescos que a nós se apresentam em ambos os infernos em episódios concretos.

Observemos, antes de tudo, que os passos do poeta florentino e de seu guia vão sempre na direção esquerda, nunca para a di-

112. Essa concepção foi bem ilustrada por Botticelli, na pintura *Inferno* (N.T.).
113. Cf. Carra de Vaux (1895), pp. 27 e 33.

reita. Os comentaristas atribuíram, com razão, um sentido alegórico a este detalhe, que à primeira vista parece trivial. O que ignoravam é que os místicos muçulmanos, em especial Ibn 'Arabî, ensinavam que para os habitantes do inferno não há direita, assim como no céu não há esquerda. Esta afirmação é um comentário sobre um texto corânico (LVII:12 e LXVI:8), em que os eleitos caminham guiados pela luz de suas virtudes, que ilumina seus passos à direita. Daí Ibn 'Arabî ter inferido que os pecadores deveriam caminhar na direção esquerda.

No primeiro círculo do inferno propriamente dito, ou seja, no primeiro depois do limbo, Dante encontra os adúlteros, vagando errantes pelo espaço, impelidos por um furacão negro. Vimos já um esboço desta cena na redação B do primeiro ciclo da narrativa do *mi'raj*. Ressaltamos uma alusão a ela também na topografia infernal, que supõe como segundo piso, a morada dos ventos. Mas, além disso, existe uma tradição islâmica na qual Muhammad assegura que "no inferno sopra um vento negro e tenebroso, com o qual Deus atormenta os condenados como bem entende" E, acrescenta que este vento é o mesmo furacão nefasto que Deus enviou para castigar os pecados da tribo de Ad. A descrição deste vento é, em ambas as narrativas, tão análoga que se prestaria não apenas a uma comparação de suas linhas gerais, mas também a um estreito cotejo literal.

Nos cantos IX, X e XI do *Inferno*, Dante descreve a cidade de Dite, cheia de sepulcros ígneos, destinados ao suplício dos heresiarcas. Já vimos na redação B do segundo ciclo da narrativa do *mi'raj*, como Muhammad encontra em sua viagem noturna um oceano de fogo, em cujas praias se levantam cidades ígneas formadas de infinitos sepulcros de fogo para o tormento dos réprobos. É preciso acrescentar aqui que, nas tradições muçulmanas do inferno se diz que aquele que habitualmente se omitiu quanto a fazer as orações em vida "será encerrado em uma tumba tão estreita que suas costelas se romperão; fogo intenso arderá dentro de sua tumba e, sobre suas brasas, dia e noite, se revolverá".

O suplício dos sodomitas no terceiro recinto do sétimo círculo tem também seu paralelo no inferno muçulmano. Segundo a pintura dantesca, caminham sem cessar, seguindo a rota circular do vale que habitam, enquanto uma chuva lenta e persistente de flocos ardentes queima e fere seus corpos nus. Um deles é Brunetto Latini, mestre de Dante, que dá informações sobre alguns outros sodomitas que o acompanham em seu suplício e que são, como ele, letrados e sábios. Como tipo deste episódio, pode ser apresentada uma dupla série de tradições muçulmanas. Segundo uma delas, no inferno islâmico "uma chuva de água fervente ou de latão fundido cairá sem cessar sobre as cabeças dos réprobos". O mesmo *Corão* (LV:35) diz aos condenados: "sobre vós serão enviadas chamas de fogo e cobre fundido". Segundo outra série de tradições, os sábios que não conformam sua conduta aos seus ensinamentos, "lançados ao inferno, ver-se-ão forçados a dar voltas contínuas sem descanso nem repouso, como o asno ao redor de uma roda d'água ou de um moinho". E quando os discípulos, acompanhando-os em sua marcha giratória, lhes perguntarem a causa de sua tortura, responderão: "É que nós os mandávamos fazer o que vocês deviam fazer, mas fazíamos o contrário".

Os dois primeiros vales do oitavo círculo dantesco, chamado *Malebolge*, encerram, respectivamente, os rufiões e aduladores. O suplício dos primeiros – caminhar nus, chicoteados por demônios chifrudos – é exatamente o mesmo castigo que as tradições muçulmanas atribuem àquele que não realiza as orações e ao que acusa falsamente cônjuges fiéis de adultério. A tortura dos segundos – serem submersos em um espesso esterco, repugnante como o das latrinas – é idêntica à dos ébrios do inferno islâmico.

O terceiro vale está semeado de buracos ou poços de fogo, em cujo interior os simoníacos são queimados, com a cabeça e o corpo submersos e as pernas para o ar. Este suplício tem seu paralelo no dos assassinos do inferno muçulmano, que também estão encerrados em poços de fogo.

Ao chegar ao quarto vale, Dante vê aproximar-se uma procissão de condenados, cada um dos quais "estava retorcido de um modo estranho, desde a barba até o princípio do peito, pois tinham seu rosto voltado para os rins e era preciso que andassem para trás, porque tinham perdido a faculdade de olhar para frente". Este suplício dantesco dos adivinhos, sobre cuja originalidade tanto se pensou, é simplesmente uma adaptação de certo texto corânico que diz assim, literalmente (IV:50): "Aqueles que receberam as Escrituras, creiam no que Deus fez descer dos céus para confirmar seus livros sagrados, antes que *nós apaguemos os traços dos rostos e os viremos para o lado oposto*".

E os exegetas esclareceram a relativa vaguidão deste significativo texto, dotando-o de maior plasticidade e vigor pitoresco. Al-Gazali fala que os condenados estarão ante seu Senhor "com suas cabeças invertidas, quer dizer, que seus rostos estarão em suas nucas". Um mouro espanhol disse em um sermão aljamiado que os pecadores ressuscitarão, "seus rostos no lugar de suas nucas".

No sexto vale do *Malebolge*, Dante vê os hipócritas vestidos com mantos ou capas com capuz, tão douradas e brilhantes que deslumbravam a visão, ainda que por dentro fossem feitas de pesado chumbo. Este suplício parece ser também uma adaptação híbrida de duas torturas muçulmanas: a dos avaros, que caminham rendidos sob o peso de seus tesouros, e a dos luxuriosos, que vão vestidos com túnicas ou mantos metálicos, de cobre ou latão, e incandescentes.

Ainda no sexto vale Dante contempla Caifás, que jaz crucificado no chão, enquanto todos os hipócritas marcam com seus pés o seu corpo nu. Este suplício parece também ser uma fusão artística de duas narrativas muçulmanas. Segundo uma delas, o condenado "estará crucificado sobre suas costas, triste e aflito"; segundo a outra, ao que despreza em vida o seu próximo, "Deus irá ressuscitá-lo, no dia do juízo, como uma formiga, e todos os homens os marcarão com seus pés".

O sétimo vale do *Malebolge* é a mansão dos ladrões, que correm nus, fugindo das picadas de inumeráveis répteis de toda espécie. Eliminadas algumas imitações clássicas, a pintura, no essencial, coincide com várias cenas de suplícios infernais islâmicos, nos quais desempenha papel principal toda classe de monstros desse gênero.

No nono vale Dante vê os causadores de cisma seguidos de perto por demônios que, armados com espadas afiadas e cortantes, abrem-lhes feridas e cortes, que depois se fecham e voltam a ser abertas, sucessivamente. Por trás desta pintura geral, Dante descreve Muhammad, que seguido de seu primo Ali, tem um corte aberto da barba ao baixo-ventre, com os intestinos pendurados entre as pernas; descreve Mosca degli Uberti, com as mãos cortadas; e Bertran de Born, decapitado e levando a própria cabeça em uma das mãos.

A descrição geral dos cismáticos existia nas tradições islâmicas, segundo as quais "ao que mata a si mesmo com uma faca, esfaqueá-lo-ão os anjos com aquela mesma faca durante toda a eternidade..., e seu corpo voltará a ser como era, para ser de novo degolado eternamente". O suplício dantesco de Muhammad e Ali é tópico de *ahadith*, nos quais os condenados "vão arrastando seus próprios intestinos". O de Mosca tem seu protótipo na seguinte tradição: "o que amputa uma parte da riqueza alheia, se apresentará diante de Deus, no dia do juízo, com as duas mãos amputadas". E, por fim, a horripilante cena de Bertran de Born tem seu antecedente nesta descrição episódica do juízo final: "Trará o assassinado o seu assassino, neste dia, levando aquele na mão sua própria cabeça, pendurada pelos cabelos, com o sangue escorrendo de suas veias jugulares, e dirá: ó Senhor! Pergunta-lhe por que me matou".

No último vale do *Malebolge*, Dante vê os réprobos cheios de pústulas que coçam sem parar; outros que são despedaçados com mordidas e, outros, enfim, consumidos por uma sede insaciável.

Além das semelhanças deste suplício com aqueles para os quais chamamos a atenção na redação B do segundo ciclo da narrativa da *mi'raj*, convém consignar aqui que todos estes traços são tópicos das tradições islâmicas de além-túmulo.

Para sair do *Malebolge*, Dante e seu guia têm que atravessar um poço profundo, ocupado por vários pecadores de gigantesca estatura, réus de orgulhosa rebeldia e audaz soberba contra Deus; são os principais o bíblico Nimrod e os clássicos gigantes da mitologia greco-romana Efialtes, Briareu e Anteu (canto XXXI). Este último, tomando em suas mãos os dois poetas, coloca-os no abismo do último círculo infernal. Dante se deleita em fazer uma descrição hiperbólica destes gigantes. Aparecem-lhe como torres elevadíssimas, ainda que sejam visíveis só da metade do corpo para cima, submergidos como estão naquele poço profundo. A cabeça de Nimrod lhe parece a Pinha de São Pedro, em Roma, ou seja, pouco mais de cinco braças[114] de comprimento e espessura. Sua estatura total seria de quarenta e três braças pelo menos, segundo os comentaristas.

É difícil encontrar nos precursores de Dante a explicação completa deste episódio. É certo que todos os gigantes têm sua personalidade bem definida na Bíblia e na mitologia; mas o que estas fontes não autorizam é colocá-los no inferno. Agora vejamos: em todos os livros da escatologia muçulmana são consagrados capítulos especiais a compilar as tradições segundo as quais os infiéis do último piso infernal têm proporções desmedidas, como um meio de dar mais substância aos suplícios de que são vítimas. A magnitude destes réprobos, computada em braças, é determinada, ainda que hiperbolicamente, com escrupuloso esmero matemático, análogo, já que não igual, ao que colocou Dante em sua descrição. É preciso lembrar também que, segundo uma tradição, no último piso do inferno

114. Cada braça equivale a 2,20 metros. (N.T.)

islâmico está acorrentado Iblis, o mesmo que Efialtes no poema dantesco; e note-se ainda que, na teologia islâmica, Nimrod é o protótipo do orgulho e da soberba satânicos, pelos quais é castigado na mesma região em que Iblis sofre o castigo digno de seu pecado.

Neste último círculo dantesco, o mesmo suplício atormenta os réprobos: o frio. Todo o círculo é um profundo lago, o Cocite, congelado pelo sopro glacial do vento produzido pelas asas de Lúcifer. Os traidores estão submersos em água gelada, mais ou menos ocultos no gelo ou em diferentes posturas (deitados, eretos, etc.), segundo a magnitude de seus pecados. Alguns estão curvados como um arco, com a cabeça tocando os pés.

É ocioso advertir que o suplício infernal do frio carece de precedentes na escatologia bíblica. Por outro lado, o inferno muçulmano o coloca pelo menos no mesmo nível do castigo do fogo. A vaga alusão por um texto corânico (LXXVI:13), em que se diz que os bem-aventurados não sofrerão com o sol nem com *zamharir* – palavra que significa frio –, bastou para que os exegetas, quiçá por influência zoroastrista, em cuja religião o fogo é coisa sagrada, concluíssem que no inferno o suplício é o do frio, como o mais terrível e doloroso. E o conceberam precisamente na forma de um lago congelado, análogo ao Cocite dantesco. "O que é o *zamharir* do inferno?" – perguntaram a Muhammad; e ele respondeu: "um poço no qual é lançado o infiel e no qual seus membros são destroçados pela intensidade do seu frio". Também é preciso advertir que, para os físicos árabes o *zamharir* era tecnicamente o ar glacial. De tudo isso resulta que no inferno muçulmano, como no dantesco, o suplício do frio consiste no duplo tormento de estarem expostos os réprobos ao sopro de um vento congelante e ao contato com a água congelada.

E, além disso, a diversidade de posturas é tópico que se repete nas descrições do inferno muçulmano. "Uns são castigados em pé, diz Ibn Abbas; outros, deitados, outros, de boca pra cima, outros, de bruços, outros, de cabeça para baixo...". "Uns serão alcançados pelo fogo até os tornozelos – diz outro *hadith* – outros até o joelho, outros até a cintura, outros até o peito e outros até o pescoço". E existem também pecadores vergados em forma de arco: "Os demônios agarrarão o condenado pelos cabelos, pelas costas, quebrarão suas costelas pela metade e, depois, dobrando-os ao meio pelo ventre, prenderão seus pés com seus cabelos".

No fundo da última e ínfima morada do inferno, que é o centro da terra, Dante coloca Lúcifer, incrustado no gelo a partir da metade de seu peito. Sua estatura é gigantesca e, sobre o tronco, única parte visível de seu corpo, apresenta três rostos, abaixo das quais aparecem enormes asas de morcego que ao se moverem produzem um vento glacial. Dante consegue sair do inferno deslizando entre o gelo e as costas peludas de Lúcifer, até passar ao hemisfério austral, através de um longuíssimo e obscuro caminho subterrâneo; mas antes de abandonar o centro da terra, levanta os olhos e vê que as pernas enormes do rei infernal pendem no vazio sem sustentação. Virgílio explica a Dante como Lúcifer ficou incrustado no centro da terra, ao cair, lançado do céu.

A originalidade desta maravilhosa descrição tem sido sempre alvo de reflexão. Graf encontrou nela alguns precedentes teológicos e populares, mas, a maior parte de seus elementos, julgou serem próprios e pessoais do poeta. Sobre a pintura da queda de Lúcifer do céu na terra, disse: "*Questa mirabile immaginazione è, per quanto io so, tutta propria di Dante*".

Reconhecendo a criatividade da concepção dantesca, acrescentaremos que não lhe faltam precedentes na literatura teológica do Islam. O conceber Lúcifer imóvel no último piso do inferno, já vimos como era vulgaríssimo nas descrições arquitetônicas do reino da dor, pois se a maior gravidade na culpa corresponde maior gravidade na pena e maior profundidade na morada, o Iblis do Islam, como o Lúcifer dantesco, é pai de toda rebelião contra Deus, teria de sofrer o mais terrível castigo e habitar, portanto, as profundezas do abismo do inferno. A respeito da natureza do suplício, Ibn 'Arabî assegura taxativamente que Iblis, como Lúcifer, sofre o tormento do gelo. E aponta como razão o fato de que, tendo sido Iblis criado do fogo, como todos os gênios, seu castigo deve consistir em algo oposto e contrário ao elemento ígneo do qual foi criado, quer dizer, o frio glacial, ou o *zamharir*. E a monstruosa figura do Lúcifer dantesco tem também precedentes no Islam. De fato, Lúcifer é castigado na mansão dos traidores, como o maior deles, por ser traidor de Deus e, precisamente, segundo uma tradição islâmica, "naquele que tem dois rostos e duas línguas neste mundo, Deus colocará dois rostos e duas línguas no inferno". Mas, concretamente, os mesmos demônios aparecem dotados de duas cabeças em outras narrativas muçulmanas do século VIII, pelo menos. E bestas e monstros desta índole são frequentes nos *ahadith* escatológicos e em toda rica literatura de viagens fantásticas, tão popular no Islam.

A respeito da queda de Lúcifer do céu na terra, não se pode apontar precedente mais cristão do que este texto do Evangelho (Lucas, X:18); "*Videbam Satanam sicut fulgur de coelo cadentem*". Por outro lado, o *Corão* descreve em mais de sete passagens a cena do pecado de Iblis e seu lançamento para fora do céu. E, comentando outra passagem corânica sobre a divisão em camadas ou estratos de massa homogênea que no princípio formavam a terra e o céu, diz outra narrativa cosmogônica islâmica: "Deus enviou, do seu trono, um anjo que caiu sobre a terra até penetrar seus sete pisos, e aí ficou, sustentando-os sobre suas costas, com uma mão estendida para o Oriente e outra para o Ocidente, segurando os sete pisos e *sem que seus pés tivessem apoio algum no qual firmarem-se*" (XXI:31). Ainda que a narrativa não identifique com Iblis este anjo gigantesco, o contexto o sugere, ao supô-lo enviado por Deus a partir de seu trono, morada das mais altas hierarquias angélicas às quais Iblis, como Lúcifer, pertence, e ao empregar o mesmo verbo cair que as narrativas do pecado e castigo de Iblis também empregam.

4.
O purgatório muçulmano na *Divina Comédia*

Pelo obscuro meandro que, a partir do centro da terra conduz à superfície do hemisfério austral, sobem Dante e seu guia aos limites do purgatório, uma altíssima montanha, semelhante a um complicado cone que se levanta em meio ao oceano infinito, cujas águas cobrem todo aquele hemisfério. Sete círculos ou pisos dividem a montanha em sete moradas de expiação dos sete pecados capitais; outras duas moradas, ao pé da montanha, constituem o ante purgatório; sobre o último círculo, em uma planície ampla, encontra-se o paraíso terrestre, fazendo já fronteira com a esfera do éter. As almas – réus de pecados perdoáveis ou de mortais já perdoados mas cuja penitência não foi cumprida neste mundo – vão ascendendo por uma rampa íngreme, de andar em andar, purificando-se do pecado correspondente em cada um deles. Anjos, e não demônios, guiam e purificam aqui as almas, que se beneficiam eficazmente das orações e súplicas dos vivos. Também Dante é submetido misticamente a esta purificação progressiva: o anjo guardião do purgatório escreve, em sua fronte, sete vezes a letra P, estigma do pecado, e à medida que Dante abandona cada uma das sete moradas, um anjo apaga uma destas letras. No paraíso terreno, as águas de dois rios, nos quais Dante é submergido, acabam de limpar sua alma, fazendo-a apta a entrar no céu.

Tão precisa e pormenorizada localização do purgatório é inexplicável dentro da escatologia cristã. Ainda que a crença no purgatório, como estado, tenha profundas raízes na tradição escolástica e patrística, não foi dogma de fé até o século XV, mais de cem anos depois de publicada a *Divina Comédia*. Somente em Hugo de São Vitor, São Tomás, Ricardo de Middletown etc. se insinuam timidamente hipóteses que não coincidem com a topografia do purgatório dantesco. Por isso, Landino conclui com estas palavras a exposição de tais paupérrimos precedentes: "*Ma Dante, uomo di mirabile ingegno e di mirabile inventione, trovo nuovo sito, il quale niente e contra sustantialmente all'opinione cristiana*"[115].

Por outro lado, no Islam – que, como herdeiro do cristianismo oriental, consigna em seu credo o dogma do purgatório – existe uma multiplicidade de *ahadith* referentes tanto ao purgatório imediatamente posterior à morte, como às provas expiatórias do juízo final, confundidas com as daquele, já que os teólogos se perguntavam que utilidade podia ter o juízo final se a sentença e a sanção começavam logo após a morte.

O purgatório islâmico se apresenta como um lugar distinto do inferno, ainda que contíguo a ele, e, além disso, exterior. Segundo uma tradição muçulmana, há dois infernos: um interior e outro exterior. Do último os condenados podem sair ao se banharem em um rio que há ao lado do paraíso. Estes pecadores são chamados no céu de "os infernais", até que Deus ordena que este estigma seja apagado e que seja gravado em sua fronte o seguinte selo: "Libertos por Deus". Como é possível observar, este episódio é análogo ao final do purgatório dantesco, quer dizer, a entrada de Dante no paraíso terreno depois de ter o estigma da culpa apagado e de sua imersão nos rios Lete e Eunoe. Também já vimos cenas análogas em algumas das redações da narrativa do *mi'raj*.

Em outras narrativas o purgatório é descrito como "uma colina que se levanta entre o inferno e o céu, e sobre a qual estão aprisionados os pecadores". Ainda que a esta morada se dê o mesmo nome do *limbo – Al-A'raf –*, é evidente que se trata do purgatório, já que dela se pode sair por meio da purificação em um rio da vida, enquanto do limbo, como vimos, não é possível sair.

---

115. Landino, prólogo do *Purgatorio*, fol. 194 vº, e *Inferno*, III, fol. 25 vº e 26. Quanto a São Tomás, cf. *Summa theologica (Supplementum tertiae partis)*, appendix, q. Iª, a. 2.

Finalmente, dão maior destaque à topografia do purgatório as narrativas relativas à ponte, ou caminho (*sirat*),[116] que as almas terão de atravessar para entrar no céu. Trata-se de uma adaptação do mito persa da *Çinvat*, ou ponte luminosa suspensa sobre o abismo infernal, um dos lados sustentado pelo céu e o outro pelo monte que ocupa o centro da terra. Esta ponte etérea assume outras formas no Islam, às vezes a de um caminho (*sirat*), outras, de um edifício ou viaduto (*cántara*), e outras ainda, uma passagem escorregadiça ou uma encosta. E esta imagem, em sua essência, difere pouco da dantesca, pois o monte do poeta é na realidade uma enorme ponte, que, situada sobre o oceano do hemisfério austral, em cima do dorso do inferno, estabelece uma comunicação entre a terra e o céu.

Mas, como sempre, é o murciano Ibn 'Arabî quem melhor delineia os traços topográficos da montanha dantesca. Para ele, o *sirat* é o lugar no qual serão castigadas as almas que não vão para o inferno, afirmando que "estará sobre as costas do inferno", que "vai se elevar desde a terra em linha reta até a superfície da esfera das estrelas, e que terminará em uma pradaria que se estende rumo ao exterior dos muros do paraíso celestial; e a pradaria, denominada paraíso das delícias, é onde os homens entrarão primeiramente"[117].

E a semelhança se transforma em identidade quando vemos que esta primitiva *cántara*, ou lugar de expiação, é subdividida por Ibn 'Arabî em cinquenta estâncias, distribuídas em quatro principais agrupamentos, sendo que a última delas se subdivide, por sua vez, exatamente como o purgatório dantesco, em sete recintos, em cada

---

116. *Sirat*: literalmente significa "o caminho" (do latim *strata*). O caminho do juízo é descrito como uma ponte fina como um cabelo sobre o abismo do Inferno. Os bons serão capazes de atravessá-la, os fracos resvalarão e mergulharão no abismo. (N.T.)

117. *Fûtûhat*, III, 573.

um dos quais as almas se purificam, como em Dante, de cada um dos sete pecados que são capitais no Islam.

A inventividade do poeta florentino com relação às tristezas do purgatório não foi tão apreciada quanto sua originalidade na topografia. Era realmente muito difícil imaginar novos tormentos, depois de haver esgotado a gama de dor nas imagens do inferno. Nossa tarefa neste ponto, portanto, será mais breve, limitando-nos a comparar algumas cenas dantescas com outras islâmicas semelhantes.

O castigo das almas contumazes que atrasaram sua penitência até o momento da morte reduz-se a esperar por um longo tempo ao pé da montanha do purgatório, até que Deus as admita no lugar de expiação, ansiando que a piedade dos vivos consiga, com orações e súplicas, abreviar o prazo da divina sanção. Assim, vários contemporâneos de Dante, como Manfredo da Sicília e o citarista Belacqua, pedem ao poeta que faça chegar ao mundo a notícia de sua triste sorte. Cenas semelhantes abundam na literatura ascética do Islam: almas do purgatório aparecem em sonhos a seus parentes para lhes pedir que roguem a Deus por seu eterno descanso. Uma destas cenas – a aparição de Abudólaf Elichlí, chefe militar de época do califa Al-Ma´mun (século IX), a seu filho Dólaf[118] – apresenta uma singular analogia com as cenas dantescas.

Os suplícios dantescos do purgatório propriamente dito estão também inspirados no critério do *contrapasso*. No primeiro círculo, os orgulhosos se purificam caminhando sob o peso de enormes pedras. É a mesma pena que o Islam imaginou para os avaros, que caminharão sobre o *sirat* carregando seu tesouro nas costas.

O pecado da inveja, no segundo círculo, é expiado com a cegueira, as pálpebras costuradas com arame. Também a cegueira é uma tortura do inferno muçulmano. "*Aquele que lê o* Corão *e não o põe em prática* – diz um *hadith* – *Deus o ressuscitará cego no dia do Juízo*".

---

118. Cf. Sodur, 1329 hég., p. 121.

Os iracundos, no terceiro círculo, estão envoltos em uma fumaça densíssima e escura. Este suplício é literalmente corânico: um dos capítulos do *Corão*, o XLIV, é intitulado *A fumaça*. "*Naquele dia* – diz, referindo-se à pena que, no dia do juízo, sofrerão os que debocharam dos profetas – *o céu enviará uma fumaça perfeitamente visível, que envolverá todos os homens e que será um castigo doloroso*". E os tradicionalistas comentaram estas palavras com pitorescos pormenores, que são, em sua maioria, literalmente iguais aos dantescos.

O suplício dos preguiçosos no quarto círculo dantesco – correr sem parar – é irrelevante.

No quinto círculo, os avaros jazem no solo, de bruços, com mãos e pés atados, lançando gemidos e derramando lágrimas de tristeza. Esta dor e preocupação moral é um tópico em todas as descrições do inferno islâmico. Mas, além disso, a postura singularíssima na qual Dante coloca estes pecadores é literalmente igual à que o Islam propõe para os pecadores em geral e os ébrios em particular, ao se apresentarem ante o juízo de Deus. O embriagado – diz Samarqandî – "ressuscitará com as mãos atadas e os pés acorrentados, arrastando-se pelo solo, de bruços". E outra tradição, falando da velocidade com que as almas, segundo maior ou menor o peso de suas culpas, passarão pelo *sirat*, diz que umas o farão velozes como um relâmpago, o vento ou o corcel; outras correndo ou andando; "outras, arrastando-se sobre seu ventre como uma criança ou como um gato".

No sexto círculo dantesco, as almas se purificam da gula mastigando em vão, enquanto contemplam duas árvores cheias de frutos dispostos em ramos inacessíveis, que são as ramificações da árvore do paraíso terreno. Pois bem, segundo um *hadith*, à margem do *sirat* erguem-se três árvores, e as almas pedem a Deus que deixe que se abriguem em sua sombra e comam de seus frutos, o que Deus, por fim, permite. É claro aqui que, quanto ao desenlace, as duas narrativas não coincidem, mas as linhas gerais do episódio são idênticas em ambas.

No último círculo do purgatório dantesco, as almas se purificam da luxúria em meio às labaredas de um fogo abrasador. Ainda que este suplício do fogo seja o menos típico de todos, a escatologia muçulmana também distingue este fogo voraz da expiação daquele do inferno; o primeiro, como temporário e purificador, tem um fim em sua duração e limites bem marcados quanto a sua intensidade, em harmonia com a gravidade das culpas a serem expiadas.

5.
O Paraíso Terrestre do Islam na *Divina Comédia*

Ao escalar o cume do monte do purgatório, Dante coloca o pé sobre a extensa planície na qual está localizado o paraíso terreno, morada dos nossos primeiros pais antes de seu pecado. Aqui Virgílio o abandona para ser substituído por Beatriz. Dante começa descrevendo o cenário daquele jardim: as árvores, os frutos, as flores, os perfumes, as aves, a aura, as águas límpidas e perenes dos rios Lete e Eunoe. A correnteza do primeiro interrompe o caminho de Dante. A partir da outra margem, uma bela donzela, Matilde, que está colhendo flores, explica a ele a natureza daquele lugar. De repente, uma fantástica procissão de ninfas e anciãos avança até o poeta, precedendo a uma carruagem triunfal, coberta de flores, sobre a qual aparece Beatriz, a doce prometida de Dante, que a ele se dá a conhecer e o repreende pelos pecados que cometeu e pelo desprezo que teve pelas santas ideias e sugestões que ela lhe comunicou em sonhos. Por obra de Matilde e as ninfas que servem Beatriz, Dante é submergido nas águas do Lete, onde se purifica. Logo sucumbe ao sono aos pés da árvore do paraíso. E, por fim, submergido novamente, no Eunoe, sai "reanimado como as plantas jovens, renovada com novas folhas, purificado e disposto a subir às estrelas".

Graf fez ver que a topografia dantesca tinha seus precedentes em algumas narrativas medievais, no que tange à localização do paraíso no hemisfério austral e sobre o cume de uma altíssima montanha[119]. Por outro lado, assegura que, antes de Dante, a ninguém havia ocorrido colocá-lo cabalmente sobre o cume do purgatório. Vejamos, então, se a literatura islâmica nos oferece documentos que, decifrando o enigma topográfico, tenham também analogias palpáveis com as linhas gerais e ainda com os pormenores episódicos desta última cena do purgatório dantesco.

A localização do paraíso terreno havia provocado, no Islam, animadas controvérsias teológicas e exegéticas. Algumas passagens do *Corão* (II:33,34) sugeriam uma localização celestial para o paraíso, confundindo-o com o céu teológico, ou seja, a glória. Outra explicação colocava o paraíso na montanha mais alta da terra e em sua parte oriental. Esta localização tão precisa tinha a vantagem de não contradizer tanto o relato corânico; isto porque, se no relato se supõe Deus lançando nossos primeiros pais do jardim do paraíso para a terra com a palavra *descei, baixai*, colocando o paraíso no altíssimo cume de uma montanha terrestre, tais palavras significam apenas que Deus os lançou de cima para baixo. Os tradicionalistas que defenderam esta localização elevada com maior fervor foram os hereges *mutazilitas*[120], os filósofos e os místicos. Já no século IX, o juiz supremo de Córdoba, Móndir Bensaíd El Bellotí era o paladino desta topografia do paraíso. Pouco depois, os *Irmãos da Pureza* descreviam em sua Enciclopédia o paraíso terrestre com traços análogos

---

119. Graf, *Miti...*, I, 5.

120. Alguns dos representantes mais célebres dos mutazilitas professaram que "a primeira condição do conhecimento é a dúvida" e que "cinquenta dúvidas valem mais que uma certeza", etc. Mais informações em: V. Goldzihr (1920). Le dogme et la lor de l'islam. Paris, 80 e ss. (Cf. Nasr, 1973: 245). (N.T.)

aos dantescos, e o situavam no cume de uma altíssima montanha chamada *Jacinto,* que, ainda que algumas vezes tenha sido supostamente localizada na Síria, Pérsia ou Caldeia, é geralmente identificada com o monte denominado "Pico de Adão", da ilha de Sarandib, ou Ceilão, na Índia. Seu próprio nome é uma consagração da narrativa islâmica. Ibn Batuta nos descreveu a ascensão a esta montanha, considerada como lugar de bendição pelos muçulmanos, que acreditam distinguir, sobre uma de suas pedras, a pegada de um dos pés do nosso pai Adão.

Coincide, como vimos, a localização do paraíso terrestre nas concepções islâmica e dantesca. Mas como Graf faz ver que esta topografia do paraíso, concebida por Dante, tinha precedentes na literatura cristã, só é possível insistir em relacioná-la com as narrativas islâmicas se pudermos provar. Porque há um traço que Graf não vacila em atribuir à inventividade original do poeta florentino: imaginar o paraíso contíguo ao purgatório, no cume da montanha da expiação, como estação última na qual as almas se purificam por meio de uma dupla ablução para atravessar o limiar da bem-aventurança eterna.

Pois bem, existe todo um ciclo numerosíssimo de narrativas islâmicas em que se descreve esta mesma entrada das almas no céu teológico. Nessas narrativas se supõe (como na *Divina Comédia*) que o jardim do paraíso se abre na continuação do *sirat* e contiguo a este; que neste jardim, descrito com traços idênticos aos de Dante, correm dois rios onde são submergidas as almas para se purificarem; que, ao sair do banho purificador e depois de repousar como Dante à sombra das árvores, a alma é introduzida na glória em meio aos coros angélicos, que lhes dão os parabéns; e, finalmente – o que é ainda mais notável –, que a alma encontra uma belíssima donzela no limiar da morada celestial, que, dando-lhe as boas-vindas, apresenta-se a ele como sua esposa e prometida que há muito o espera, ansiosa por um amor espiritual e casto.

Estas narrativas têm sua raiz remota num *hadith* antiquíssimo, atribuído a Ali e Ibn Abbas, a respeito das duas fontes que aparecem aos que vão entrar no paraíso. Sobre as concisas linhas deste *hadith,* os tradicionalistas forjaram um relato volumoso e retórico, do qual analisaremos as passagens mais interessantes, segundo a redação em prosa de um autor espanhol, natural de Orihuela, chamado Shakir b. Muslim, que viveu no século XII, portanto um século antes do poeta florentino[121].

Assim que os homens passaram pelo *sirat,* chegaram à planície, que é caminho do paraíso, acompanhados pelos anjos da misericórdia divina, que com cânticos os animam a caminhar. Aí sentem uma brisa suave que traz descanso às almas e faz que esqueçam as penas sofridas. À porta do paraíso se levantam duas grandes árvores, admiráveis por sua frondosa folhagem, a beleza de suas flores, o perfume de seus frutos e a doce harmonia das aves que gorjeiam sobre seus ramos. Ao pé de cada uma delas corre uma fonte de águas doces e puras, mais frescas que a neve e mais brancas que o leite, em um canal de pérolas e rubis, em cujas margens se estendem deleitáveis jardins. Os homens se lavam em uma das fontes, bebendo depois de sua água, e fazem o mesmo na outra. Logo se põem a repousar placidamente à sombra daquelas duas árvores; mas os anjos os convidam a continuar caminhando para uma morada melhor que aquela, "até que, ao seu encontro, vem uma luminosa cavalgada de servos, ninfas e mancebos sobre velozes corcéis ricamente adornados... que os saúdam e dão as boas-vindas". E assim que penetra na morada celeste, em um tabernáculo oferece-se à visão do amigo de Deus uma donzela formosíssima e resplandecente. "Ó amigo de Deus! – clama então um anjo mensageiro – esta é a tua esposa apreciada e tua cônjuge, cara e bem-amada; esta é a senhora das ninfas, a virgem

---

121. Ibn Majluf, II, 61.

pudica, oculta a olhares estranhos". E ela vai ao seu encontro, acolhendo-o com alvoroço e dizendo: "Oh, amigo de Deus! Há quanto tempo eu desejava ver-te!".

Cotejemos esta narrativa islâmica com o episódio dantesco. Os elementos topográficos revelam sua identidade sem esforço: o jardim é pintado com os mesmos recursos retóricos de flora, ambiente aromático, aves, brisa, etc.; os rios são dois, nem mais, nem menos, enquanto no paraíso bíblico são quatro; o jardim, finalmente, é contiguo e imediato ao purgatório. E a estes traços topográficos se acrescenta uma mesma sucessão nas cenas: a alma é banhada também nos dois rios, de cujas águas bebe; os efeitos da dupla ablução são análogos: apagar toda marca de pecado e reanimar seu espírito; ao sair do banho purificador a alma repousa ao pé de uma árvore; vem finalmente um cortejo nupcial que precede a esposa do bem-aventurado, seu encontro com este e a cena do mútuo reconhecimento.

Até hoje, ninguém havia encontrado precedentes seguros que explicassem esta última cena, que é, segundo os dantistas, o ponto culminante do poema dantesco. Apesar disso, há que se reconhecer que esta cena não tem muito de espírito cristão: é, antes, singularíssima dentro do ambiente de austeridade, de ascetismo, de horror ao amor sexual que caracteriza a literatura eclesiástica em geral e especialmente na Idade Média. Colocar como episódio máximo de uma viagem de além-túmulo o encontro do viajante com sua prometida, morta antes dele, é um recurso poético cuja busca em precursores cristãos da *Divina Comédia* é vã. Disto o poeta florentino estava seguro quando dizia na *Vita Nuova*: "*Spero di dire di lei quello que mai non fu detto d'alcuna*". Entendo que esta glorificação de Beatriz tem suas raízes próximas ao espírito cavaleiresco dos trovadores provençais e poetas italianos do "*dolce stil nuovo*"; mas estas explicações deixam sem resolver o enigma concreto da forma literária sob a qual se revelou neste episódio do paraíso terrestre aquela psicologia. Isto, sem entrar aqui nas remotas origens do "*dolce stil nuovo*"; sem analisar os germens extra cristãos que puderam influir na sua gestação e que ainda não foram explorados como se deveria; sem tocar o problema do amor romântico no Islam, que, antes de surgir na literatura trovadoresca da Europa, inspirava, desde muitos séculos, os poetas árabes, e dava espaço às análises sutis dos místicos muçulmanos. Porque o fato positivo é que um episódio tão típico, inexplicável por outros precedentes, tenha seus paralelos, de uma flagrante analogia, em tradições muçulmanas como a que acabamos de analisar. Nem é esta tradição um caso isolado: como dissemos, é resultado da evolução de uma série de narrativas que têm por tema o relato fantástico da entrada do bem-aventurado no paraíso e seu encontro com sua noiva ou prometida celestial, a qual aparece também em tradições inumeráveis e difundidíssimas no Islam, cujos temas principais são: a inspiração de boas ideias sugeridas pela noiva ao bem-aventurado, durante o sonho, e a reprimenda de sua infidelidade quanto ao afeto; ambos, temas que vemos reproduzidos em algumas cenas dantescas[122]. Nestas tradições, o protagonista costuma ser um asceta virtuoso ou um mártir da guerra santa, profissão mista de milícia e ascetismo, que no Islam equivale às ordens militares, que mais tarde surgiram na Europa cristã para o mesmo fim de defender as fronteiras contra o inimigo da religião.

Agora, para apreciar em todo seu valor este cotejo, que envolve tanto a topografia como os detalhes episódicos, é preciso recordar que em várias redações da narrativa do *mi'raj*, ou ascensão de Muhammad, vimos que se repete insistentemente a pintura de um jardim – chamado em algumas delas de jardim de Abraão – regado por um ou por três rios, em cujas águas se purificam as almas antes de subir ao céu. E no tocante à cena do encontro com a noiva celestial,

122. *Purgatório*, XXX, 73 – 145 e XXXI, 1 – 63.

é preciso lembrar também que na *Risalat* de Ma'arri, imitação literária da ascensão de Muhammad, o suposto viajante encontra, na entrada do paraíso celestial, em um jardim e às margens de um rio, uma donzela destinada por Deus para guiá-lo e servi-lo, a qual, como Matilde a Dante, acolhe-o amavelmente e o conduz até a presença da amada do poeta Imru' Al-Qays, que chega precedida de um luminoso cortejo de belíssimas ninfas.

É que, dentro do marco da narrativa da ascensão, cabia enquadrar todas as outras narrativas de além-túmulo. E assim, Dante, saturado por cultura bíblica e cristã, pôde em um dado episódio, como este do paraíso terreno, unir os traços fundamentais da viagem muhammadiana com as alusões à mitologia clássica e à erudição cristã, fundindo em síntese admirável o Éden bíblico, o Parnaso greco-latino e o Paraíso muçulmano.

6. O Paraíso Celestial Islâmico na *Divina Comédia*

Ao chegar a este ponto temos que começar reconhecendo que o mero propósito de tentar uma comparação entre o paraíso dantesco e o islâmico é recebido, por toda pessoa medianamente culta, com o sorriso compassivo que merecem os projetos desatinados e absurdos. É que a espiritualidade delicadíssima do paraíso dantesco é tão distante das imaginações grosseiras, sensuais e materialistas com as quais o *Corão* pinta os deleites paradisíacos que, proposto o problema somente com estes dados, não cabe outra solução senão a negativa. Mas, como mencionamos anteriormente, o *Corão* não é todo o Islam, e nem sequer a mais interessante e rica fonte de seu caudal dogmático. As tradições atribuídas a Muhammad, os comentários dos exegetas, as especulações dos teólogos e místicos são os que fixaram essencialmente o credo muçulmano no que tange à glória paradisíaca. E já vimos, na redação C do segundo ciclo da narrativa do *mi'raj*, como o paraíso é pintado em algumas tradições, sem mais recursos técnicos que a luz, a cor e a música, fenômenos dos mais fugazes e, de longe, os menos grosseiros da sensibilidade. A Ibn Abbas, parente de Muhammad, é atribuída a seguinte frase: "Não há no paraíso coisa alguma das que há neste mundo, senão que apenas os nomes". E na boca daquele mesmo Profeta que tão grosseiramente pintou os prazeres do céu, foi colocada esta promessa divina, tomada das palavras de Isaías e São Paulo: "Eu preparei para os meus servos santos o que nem o olho viu, nem o ouvido ouviu e nem ao coração do homem ocorreu imaginar". De modo que, à margem do paraíso sensual do *Corão* foi se esboçando outro mais espiritual, cuja vida de beatitude consiste em contemplar face a face o esplendor da divina essência.

Seguir passo a passo o processo da luta teológica entre ambas as concepções seria inoportuno nesta ocasião, além de inútil. O que nos interessa registrar aqui é que os maiores teólogos do Islam já consideraram a visão beatífica como o prêmio principal, ainda que não o único, e que os místicos e os filósofos contribuíram para acentuar ainda mais esta gradual eliminação do sensual paraíso corânico, ainda que amenizassem esta negação aparentando aceitar as palavras do *Corão* em suas descrições materiais, com a ressalva de considerá-las como metáforas, símbolos ou alegorias, cujo sentido espiritual era patrimônio dos doutos. Al-Gazali e Averróis (século XII) conciliaram os dois pontos de vista, declarando que o paraíso celestial será um estado no qual cada um possuirá o quanto lhe apeteça e como apetecível o conceba; os homens ligados ao sensível não poderão gozar dos deleites do céu, senão tomados sensivelmente; os homens espirituais só se deleitarão com a visão beatífica. Estes dois mesmos céus, um sensível e outro ideal, são descritos por Ibn 'Arabî: "Há dois paraísos: um sensível e outro ideal. Naquele, gozam de felicidade os espíritos animais e as almas racionais;

neste, tão só as almas racionais. E este paraíso ideal é o céu das ciências e das intuições". [123]

Com o testemunho destes pensadores muçulmanos coincide por completo o dos dois escolásticos cristãos que melhor conheceram o Islam, os espanhóis Raimundo Lulio y Raimundo Martín, os quais, afastando-se do preconceito vulgar de seus contemporâneos, não incorreram na injustiça de atribuir a todos os muçulmanos a grosseira fé em um paraíso voluptuoso. Ambos repetem idênticas declarações às dos citados filósofos islâmicos, e Raimundo Martín chega a citar textos de Al-Gazali em que este príncipe da mística descreve os sublimes deleites da visão beatífica[124]. Logo, se nos mesmos anos do século XIII em que o florentino redigia sua obra, dois teólogos cristãos como Raimundo Lulio e Raimundo Martín conheciam um paraíso muçulmano tão perfeitamente adaptável como o dantesco à mais pura e espiritual escatologia cristã, não parecerá já tão desatinado comparar as duas concepções, islâmica e dantesca, da vida celestial, ambas imaginadas sobre uma dogmática cujas ideias fundamentais são tão análogas. Ainda mais quando todas as descrições cristãs do paraíso anteriores a Dante, obra de monges ou menestréis, representavam-no com uma tosca adaptação hiperbólica, tanto da vida do côro ou do refeitório monástico, quanto das festas cavaleirescas da corte de um senhor feudal. O mesmo Dante parecia desdenhar de toda esta literatura, quando diz que ele verá a corte de Deus "de uma maneira completamente distinta da que era usual em sua época" [125].

O minucioso cotejo que fizemos do paraíso dantesco com a redação C do segundo ciclo da narrativa do *mi'raj* nos proporcionou

---

123. *Fûtûhat*, II, 809.

124. Cf. *Explanatio Simboli*, ed. March, extr. do *Anuari del Institut d'Estudis Catalans* (Barcelona, 1910), págs. 52 – 54.

125. *Purgatório*, XVI, 40.

um caudal tão rico em traços coincidentes, que nos deixou muito pouca matéria de estudo para esta segunda parte de nosso trabalho, na qual principalmente tendemos a completar o cotejo dos resíduos da primeira.

No que tange à topografia, sabemos já que o paraíso dantesco está constituído pelos nove céus astronômicos do sistema de Ptolomeu, nos sete primeiros dos quais aparecem acidentalmente os bem-aventurados; sua residência efetiva está no Empíreo, onde Dante os imagina sentados em assentos de luz, dispostos em forma de anfiteatro e desenhando uma grande e mística rosa, em cujo centro Deus, rodeado das hierarquias angélicas, se oferece à contemplação dos eleitos. O Empíreo, que é a Jerusalém celestial, está situado no extremo superior de uma reta que, perpendicularmente, cai sobre a Jerusalém terrestre; esta é, então, a projeção vertical daquela. A mais rigorosa simetria enlaça entre si o reino do prêmio ao reino do castigo: em um e no outro são dez suas diferentes moradas, como sugerindo a unidade do critério ético por meio a unidade do conceito arquitetônico. Quanto maior ou menor a altura dos méritos, assim será a altura da morada celestial na qual habitam os bons, assim como a gravidade relativa dos pecados corresponde também à profundidade progressivamente maior das moradas infernais, todas as quais estão debaixo da terra, no subsolo ocupado pela Jerusalém terrestre.

Já assinalamos os precedentes islâmicos de muitos destes traços ao falar da narrativa do *mi'raj*. Vimos repetidas vezes que aquelas redações supunham as esferas astronômicas habitadas por anjos, profetas e santos. E esta imaginação não encontra explicação na literatura bíblica, onde não se diz palavra alguma que suponha taxativamente nos céus astronômicos a morada dos eleitos.

Mas o traço topográfico dantesco sobre cuja originalidade mais se tem pensado refere-se a imaginar a sede gloriosa, a Jerusalém celestial, acima e em frente à Jerusalém terrestre, a qual, para Dante, ocupa o centro do hemisfério boreal de nosso planeta. Exatamente esta mesma imaginação existia no Islam desde o século VII da Era Cristã, ou seja, nos tempos do próprio Muhammad. Segundo um *hadith* atribuído a Ka'b Al-Aḥbar, "o paraíso está no sétimo céu, em frente a Jerusalém e à rocha [do Templo]; se do paraíso caísse uma pedra, cairia seguramente sobre a rocha". Em todos os tratados geográficos se encontra esta crença na projeção vertical do paraíso sobre Jerusalém e seu Templo. "Jerusalém – diz-se neles – é o umbigo da terra. A porta do céu está aberta sobre seu Templo... A região da terra que está mais próxima do céu é a de Jerusalém". A partir desta cidade Muhammad empreendeu sua ascensão, a qual explicam os tradicionalistas dizendo que "a porta do céu, chamada montanha dos anjos, está situada em frente a Jerusalém". Em sintonia com esse prurido de correspondência simétrica, o mundo de além-túmulo é concebido como imitação do mundo terreno. Assim, a morada chamada *Casa Habitada*, que vimos nas redações do *mi'raj*, não é mais que a repetição ou par celestial do templo terrestre da Ka'ba. "Se a Casa Habitada – diz Ibn 'Arabî – caísse na terra, cairia seguramente sobre o templo da Ka'ba"[126]. Enfim, é o próprio místico murciano que diz: "Os graus do paraíso são tantos em número quantos os do inferno: não há grau naquele que não tenha seu oposto correspondente neste. E isto é assim porque o homem não pode menos do que cumprir ou não cumprir cada um dos preceitos. Se os cumpre, merece aquele grau de glória que corresponde àquele ato determinado. Se deixa de cumpri-lo, merece, por sua omissão, o grau do inferno que está em frente e em oposição àquele grau de glória. De modo que se uma pedra caísse deste grau do paraíso, iria cair seguramente em linha reta sobre aquele grau do inferno" [127].

---

126. *Fûtûhat*, II, 582.

127. *Fûtûhat*, II, 898.

Nos cantos XXX e XXXII do Paraíso, Dante descreve a sede efetiva dos bem-aventurados. Os raios emitidos do foco da luz divina dão origem, ao se propagarem, a várias circunferências de luz, formadas por tronos, cadeiras ou arquibancadas, e cujo conjunto se assemelha a uma imensa e mística rosa. A distribuição dos eleitos nos vários círculos desta arquibancada se inspira em um critério tão rígido quanto à moral como quanto ao geométrico: a maior ou menor altura, a posição à direita ou à esquerda, tudo está sujeito à lei, nada é casual ou arbitrário. Em todos os círculos se estabelece uma divisão cardinal, em dois setores, direito e esquerdo, cujas arquibancadas correspondem respectivamente aos santos do Novo e do Antigo Testamento. Em seguida, o poeta subdivide cada setor, procedendo por vezes em sentido vertical e outras horizontalmente, segundo a idade ou o sexo, etc. A mais perfeita simetria reina nesta distribuição: assim, Eva, mãe da Humanidade pecadora, está abaixo de Maria, mãe de Cristo redentor; à esquerda e à direita de Maria se sentam, respectivamente, Adão, pai dos homens, e São Pedro, pai da Igreja, etc., etc. Todos os bem-aventurados ocupam seu respectivo grau de glória, quer por suas obras, ainda que não por estrito mérito de justiça (adultos), quer por mera graça, sem obras (crianças). Uma terceira categoria está formada pelas crianças e adultos que ocupam os assentos que os anjos rebeldes deixaram vazios. Nos assentos dos primeiros círculos estão, no lugar mais alto, os Patriarcas e Apóstolos – Adão, Moisés, o Batista, São Pedro e São João Evangelista; abaixo, os doutores e fundadores – São Francisco, São Bento, Santo Agostinho; e, finalmente, os simples fiéis. Esta diferença de graus se revela exteriormente no brilho maior ou menor que emite cada escolhido; mas não implica, de modo algum, diferenças no essencial da visão, nem no íntimo gozo de suas almas, nem, portanto, pode engendrar nos que ocupam os assentos inferiores o pecaminoso desejo da inveja.

Esta topografia tão precisa – que, salvo a localização no empíreo, é atribuída à original inventividade do poeta – é muito parecida com a que encontramos em fontes muçulmanas. A enumeração de sete moradas celestiais, como antítese simétrica dos setes pisos infernais, começa nos primeiros séculos do Islam: um *hadith* de Ibn Abbas denomina-os *jardins*, *portas* ou *moradas* e *andares* ou *estratos circulares*, designando-os por seus respectivos nomes. Desde o século X se acrescenta a esta arquitetura uma estrutura moral: segundo Samarqandî, Deus outorga a seus eleitos a visão beatífica com maior ou menor frequência – todas as sextas-feiras, uma vez ao mês, uma vez ao ano, uma vez na eternidade – segundo seus méritos. As tentativas de acoplar as sete ou oito moradas a sete ou oito categorias de eleitos se multiplicam nos *ahadith*, com os quais também os místicos iam elaborando sua doutrina, originalmente cristã, da visão beatífica, inspirada por sua vez na tradição neoplatônica dos filósofos muçulmanos. O toledano Ibn Aishun pinta a visão do rosto de Deus como a contemplação do sol ou da lua. Shakir Ibn Muslim de Orihuela assinala como, em cada visão, a essência divina se mostra aos eleitos concretizada em um de seus atributos. O Cordobês, em seu *Tadsquira*, afirma que, ainda depois de cada visão real da essência divina, segue reinando a luz eterna na alma dos eleitos, e que o disfrute da visão beatífica é proporcional ao mérito de seus atos.

A estrutura geral do paraíso muçulmano aparece já, então, organizada em todas as suas grandes linhas e até em seus mínimos pormenores, nos séculos que precedem o poeta florentino, tanto no Oriente como no Ocidente: o célebre filósofo e teólogo oriental do século XII, Fajrodín Arrazí, inspirando-se no *Corão* e nos *ahadith*, já traçava este quadro geral do paraíso, com suas grandes divisões em oito pisos, subdivididos em cem graus ou em degraus.

Ninguém como nosso murciano Ibn 'Arabî acertou ao sistematizar toda a doutrina paradisíaca dos místicos anteriores, harmonizando-a, fosse com os dados do *Corão* e da tradição, fosse com as especulações neoplatônicas dos filósofos, completando-a, ainda, com pitorescas descrições, fruto de sua rica fantasia, e, o que é para nós mais interessante, esquematizando sua concepção total do paraíso mediante desenhos geométricos que põem à vista o plano geral de suas várias moradas.

Para Ibn 'Arabî, todo o universo se representa sob o símbolo geométrico da figura esférica: uma série de esferas concêntricas é o esquema representativo do cosmos. A série de esferas compreendidas entre a terra e o trono divino é a seguinte: a esfera da terra está circundada pela da água; esta, pela do ar, e esta, pela do éter ou fogo, rodeada, por sua vez, pela da Lua, com a qual começa o mundo dos astros; seguem as esferas de Mercúrio, Vênus, Sol, Marte, Júpiter e Saturno e a esfera das estrelas fixas; sobre esta gira a esfera suprema sem astros, ou, o *primum mobile*, na qual termina o mundo astronômico. Para além de seus limites, acima desta última esfera, o trono de Deus, cercado por seus anjos, brilha como um foco de luz eterna.

Dentro deste sistema cosmológico, Ibn 'Arabî localiza a sede efetiva dos eleitos no âmbito infinito que separa o céu das estrelas fixas do céu do *primum mobile*, e neste espaço imenso imagina as oito moradas transitórias ou andares do paraíso celestial, nesta ordem: 1ª, morada da privação; 2ª, morada da perseverança; 3ª, morada da paz; 4ª, jardim da eternidade; 5ª, jardim do refúgio; 6ª, jardim da delícia; 7ª, jardim do paraíso; 8ª, jardim do Éden.

Cada um destes pisos (que, na realidade, se reduzem a sete, porque o primeiro se identifica com todos os restantes, como destinado a Muhammad, cuja onipresença ou ubiquidade na glória é matéria de fé) está dividido em graus, cuja soma estimada é, tanto para Ibn 'Arabî como para Dante, superior a vários milhares, os quais se agrupam idealmente em cem categorias específicas, redutíveis, por sua vez, a um número limitado de gêneros. Por fim, cada grau compreende um número ilimitado de *moradas* ou *quartos* individuais.

Assim, a arquitetura total do paraíso, segundo Ibn 'Arabî, pode ser imaginada como uma figura esférica, constituída por sete esferas ou círculos de raio progressivamente menor de cima para baixo, cada um dos quais se forma pela agrupação de graus ou filas de assentos, em número superior a vários milhares. Nada mais parecido com a rosa dantesca. É certo que esta similitude não é usada textualmente por Ibn 'Arabî; mas basta olhar para o plano que ele mesmo nos deixou traçado geometricamente, para compreender quão sugestivas são suas linhas e como seria fácil topar com tal similitude à simples inspeção da figura. Eis aqui, tal como inserida no *Fûtûhat*, III, 554, apenas com a tradução dos nomes árabes, úteis ao nosso objeto (Fig. 4), como alteração.

FIGURA 4. Planta do Paraíso de Ibn 'Arabî

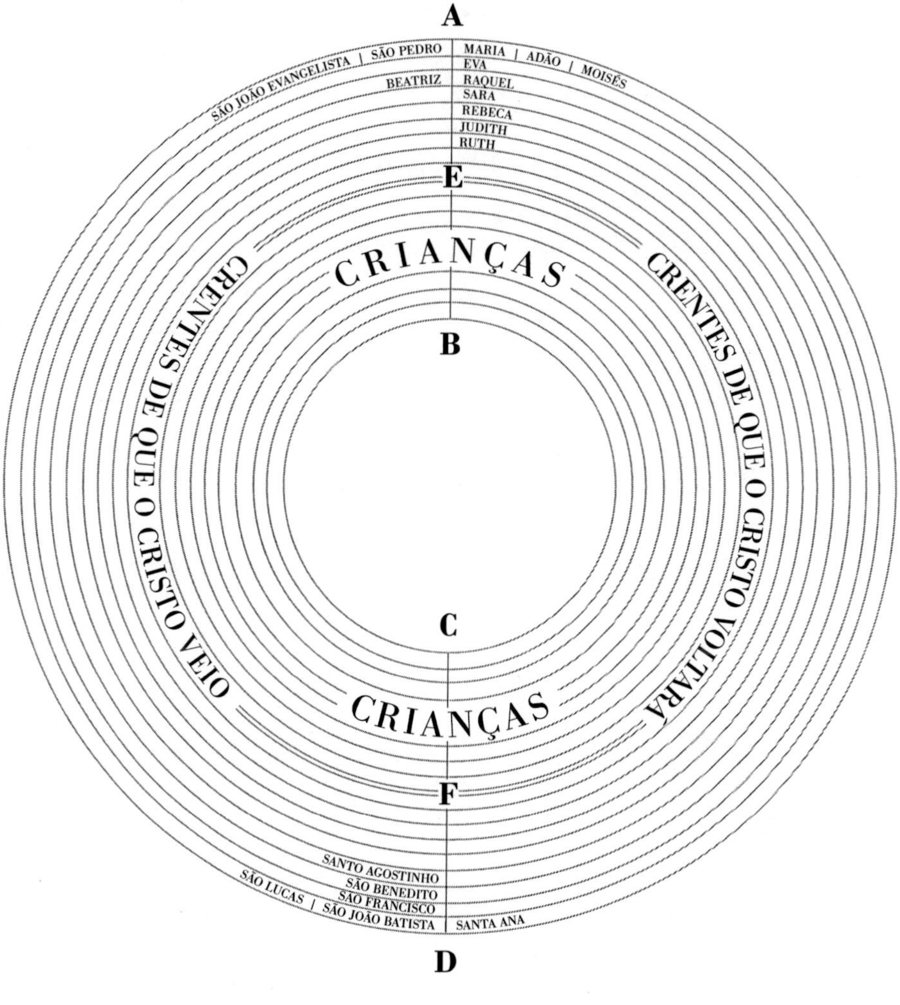

FIGURA 5. Planta da Rosa dantesca

E será possível ver que é essencialmente idêntica à que traça Manfredi Porena em seu *Commento grafico alla Divina Commedia* para representar esquematicamente a rosa dantesca (Fig. 5).

Existe ainda outro motivo de nexo entre o modelo dantesco que compara o paraíso com uma rosa e um mito muçulmano que assemelha o paraíso a uma árvore. Segundo Ibn 'Arabî, em cada morada individual da glória existe um ramo de uma imensa árvore, chamada da felicidade, cujas raízes começam na esfera do *primum mobile* – que é o teto da glória –, e cujos ramos, invertidos, pendem ocupando todos os graus celestiais através de suas sete moradas. De modo que se um artista se propusesse a esquematizar, mediante um desenho, esta árvore paradisíaca, como cada um de seus ramos teria que preencher um dos inumeráveis assentos de cada um dos sete estratos circulares paralelos do paraíso, estes estratos resultariam cheios de infinitas folhas e o esquema total ofereceria a perspectiva de sete círculos concêntricos formados por filas de folhas, que é o que se vê também ao contemplar uma rosa de frente.

E observe-se ainda que esta árvore invertida não parece ter sido ignorada por Dante, pois ao dizer, na esfera de Júpiter: "É neste quinto ramo da árvore que vive sua parte de cima" [128], parece conceber igualmente o conjunto das esferas astronômicas como uma imensa árvore invertida, comparando cada um dos ramos com cada uma das esferas. A filiação desta árvore, no que diz respeito ao islâmico, vê-se ainda mais claramente no *Quadriregio* de um dos imitadores do florentino, Federico Frezzi:

Poscia trovammo la pianta più bella
Del paradiso, la pianta felice
Che conserva la vita et rinnovella.
Su dentro al cielo avea la su radice
E giù inverso terra i rami spande
Ov' era un canto che qui non si dice.[129]

---

128. *Paradiso*, XVIII, 28-33.

129. Apud Graf, Miti, I, 140, nota 35.

Outros símbolos de que se serve Dante para exemplificar o paraíso – um jardim murado, uma corte real – têm também seus análogos em Ibn 'Arabî, que concebe o paraíso como um imenso jardim dividido em sete recintos circulares e que chama a última morada – o Éden –, a *alcazaba*, acrópoles, corte ou morada do Rei.

Passemos agora a comparar a estrutura moral do paraíso dantesco com o de Ibn 'Arabî. Antes de mais, é possível observar neste último a mesma escrupulosa minúcia na subdivisão de categorias que vimos em Dante. "Não há nenhuma boa obra – diz – que não tenha no paraíso seu prêmio determinado e próprio". [130] As categorias matrizes são – segundo exige a simetria com o inferno – oito, como os órgãos do corpo que podem ser instrumentos de virtude: olhos, ouvidos, língua, mãos, ventre, genitália, pés e coração.

Mas dentro de cada categoria há graus que dependem de diferentes motivos. Um deles, exatamente dantesco, é a idade do bem-aventurado: dentro da mesma virtude, o ancião merecerá um grau de glória mais alto que o jovem. Ibn 'Arabî estabelece outra classificação geral das moradas, divididas em três motivos: 1º, por mera graça, sem mérito algum (crianças e adultos que viveram conforme a lei natural); 2º, por mérito pessoal das boas ações realizadas por adultos; 3º, por herança das moradas celestiais que os condenados ao inferno deixaram vazias. Esta divisão coincide quase que exatamente com a dantesca anotada em último lugar. E para que o paralelo seja mais exato, Ibn 'Arabî faz observar que o mérito segundo não deve ser entendido no sentido de mérito estrito de justiça, mas no sentido da mediação dos méritos de Muhammad.

À guisa apenas de exemplo, Ibn 'Arabî enumera quatro das principais categorias superiores:

---

130. *Fûtûhat*, I, 415.

1º) os profetas;

2º) os santos;

3º) os sábios e os doutores;

4º) os simples fiéis.

É preciso recordar que Dante, ao descrever a título de exemplo, alguns dos assentos dos primeiros círculos, colocava em primeiro lugar os profetas da lei antiga e os apóstolos; abaixo, os doutores e fundadores, e, por fim, os simples fiéis. E note-se que Dante coincide com Ibn 'Arabî até no emprego das mesmas vozes para designar os assentos dos bem-aventurados, chamando-os ambos indistintamente *tronos* ou *cadeiras*, *arquibancadas* ou *bancos*.

Ibn 'Arabî distingue ainda, de uma maneira vaga, entre os eleitos, os que pertenceram à lei muçulmana, daqueles que professaram alguma religião anterior ao Islam. Não chega, como Dante, a atribuir a ambas as milícias um determinado setor dos círculos gloriosos, diferença que é tanto mais estranha porque um *hadith*, atribuído a Ali, descreve ambos os setores com traços tão precisos como pitorescos: "Há no paraíso duas margaridas ou pérolas em cada lado do trono divino, uma branca e outra amarela; cada uma delas contém setenta mil moradas; a branca é para Muhammad e os de seu rebanho; a amarela, para Abraão e os seus".

Não se poderia conceber uma distribuição mais análoga à que Dante imaginou ao colocar no setor esquerdo da rosa mística os santos da lei antiga e, no direito os que viveram depois de Cristo. E para que a similitude chegue aos pormenores, Ibn 'Arabî supõe que Muhammad e Adão, pais da Humanidade espiritual e corpórea, ocupam lugares contíguos, do mesmo modo que Dante colocou juntos Adão, pai dos homens, e São Pedro, patriarca da fé cristã.

Os pormenores e o traçado das duas pinturas que comparamos oferecem, pois, a mais estrita analogia que cabe conceber: a de Ibn 'Arabî se parece com a dantesca como o modelo com sua cópia.

Passemos, agora, a estudar a cena que se desenvolve nesse glorioso teatro, segundo o místico murciano. Sua descrição preenche muitas e nutridas páginas do *Fûtûhat*, que tentaremos resumir fielmente:

"Reunidos os bem-aventurados ao redor da cândida colina, em cujo topo há de ter lugar a epifania da divindade, postos em pé em seus assentos e vestidos com gloriosas túnicas, uma luz os ofusca, fazendo-os cair prostrados. Essa luz se propaga através de seus olhos e de suas inteligências, penetrando até as partículas todas de seus corpos e de suas almas, deixando-os aptos a receber a visão beatífica. Então o Senhor, a Verdade, manifesta-se a eles, envolvido por três véus – o da glória, o da majestade e o da grandeza –, que, ao serem levantados deixam ver a divina luz, em um relâmpago que se difunde sobre todos eles, circulando através de suas essências e lhes comunicando seu esplendor."

Esta visão, uma e a mesma em si para todos, tem, entretanto, diferentes graus acidentais, segundo o conhecimento de Deus que os bem-aventurados possuam, proceda ele, da cega submissão à autoridade de um profeta, da razão pura especulativa ou da ilustração mística. Haverá então uma visão de fé, uma visão de ciência e outra própria daqueles que alcançaram a intuição mística. E a cada grau de visão corresponde um grau proporcional de deleite, que poderá ser ideal ou intelectual, anímico ou emocional, fisicamente sensível, imaginativo, dotado de modalidades, privado de toda modalidade etc. Dito está que o vulgo dos fiéis não alcançará outro deleite além do puramente imaginativo em sua visão beatífica.

A visão deixa os eleitos completamente impregnados, tomados pelo tom da cor, inundados pela luz divina: cada bem-aventurado resplandece mediante a luz da forma ou modalidade que vê ou experimenta. Durante a experiência da visão beatífica, os escolhidos caem em êxtase, perdendo a consciência de seu próprio ser e gozando sem se dar conta de que gozam, graças à intensidade do gozo.

A diferença de grau de glória não engendra nem pode engendrar pena ou desgosto. Cada indivíduo conhece seu grau próprio e, ainda que quisesse ocupar outro distinto, não poderia; ainda que quisesse desejá-lo, não lhe seria possível tal desejo. Com paixão natural, essencial, ama o grau de glória e de gozo que possui, sem que seu espírito conceba sequer algo melhor que isso.

Agora vamos extrair dessa descrição as teses cardinais que mais ressaltam no pensamento de Ibn 'Arabî e vejamos quão análogas são as ideias e imagens que inspiram toda a descrição dantesca da glória.

1. Em primeiro lugar, a vida gloriosa, em sua raiz, consiste, segundo o místico murciano, na visão beatífica, imaginada como uma revelação ou epifania da luz divina, que é concebida como um foco luminoso cujos raios são, ao mesmo tempo, o meio que prepara os eleitos para contemplar o foco divino.

   É necessário insistir no estreito paralelismo desta concepção de Ibn 'Arabî com a dantesca: são idênticas na ideia e em sua encarnação artística. Esta última, a imagem pitoresca, carecia, além disso, de precedentes na literatura cristã medieval. Aquela, por outro lado, quer dizer, a tese teológica da necessidade de uma luz divina para contemplar Deus, já tinha sido concebida, antes de Dante, pelos escolásticos. São Tomás de Aquino fala com insistência de um *lumen gloriae*, de um *lumen divinum*, que fortalece e aperfeiçoa a aptidão natural do entendimento humano, para que seja capaz de se elevar à visão beatífica[131].

---

131. *Summa contra gentes*, 1, III, caps 53 e 54. Cf. *Summa theologica*, 1ª parte, q. 12, a. 5.

Mas também é verdade que o mesmo Aquino confessa ter-se documentado, não nos Santos Padres e filósofos escolásticos, mas nos filósofos muçulmanos Al-Farabi, Avicena, Avempace e Averróis[132]. São Tomás acaba por aceitar a teoria averroísta da visão das substâncias separadas pela alma como teoria adaptável à visão de Deus pelos eleitos.

E era natural que o Aquinatense não recorresse à literatura patrística e escolástica, na qual, se às vezes se fala de um auxílio necessário para a visão de Deus, não se determina a sua natureza, e na qual, inclusive, o *lumen* de que falam os textos sagrados - por exemplo, "*in lumine tuo videbimus lumen*" (Ps., XXXV, 10) – é identificado com Cristo, em cuja luz veríamos o Pai. Motivos pelos quais conclui Petávio[133] que a teoria do *lumen gloriae* é uma novidade, de filiação plotiniana, introduzida pelos escolásticos. Mas se Petávio tivesse podido acrescentar à sua formidável erudição patrística alguma notícia da teologia muçulmana (ignorada em seu século), teria ultimado o ciclo de sua investigação histórica, preenchendo o abismo de séculos que separa Plotino dos escolásticos com as delicadas elucubrações sobre a visão beatífica dos teólogos, filósofos e místicos do Islam – Al-Gazali, Ibn Hassan e Averróis.

2. Os eleitos se oferecem, em ambas as descrições, em atitude análoga: fixam a visão no foco da divina luz, que é recebida em diferentes graus, segundo a respectiva atitude do sujeito. Mas esta diversidade de graus depende, segundo Dante, da maior ou menor caridade ou amor de Deus que adorna cada eleito, enquanto para Ibn 'Arabî parece apenas derivar da natureza do conhecimento

132. *Summa theologica*, suplemento, 3ª parte, q. 92, a. 1.

133. De Deo, 1, VII, c. 8.

que a alma possui da divindade. Seria possível dizer, então, que Dante adota um critério voluntarista, e Ibn 'Arabî, intelectualista. Mas esta diferença é mais aparente que real. Antes de mais, também há em Dante um certo critério intelectualista quando atribui o diferente grau de glória dos bem-aventurados à natureza de sua fé ou à graça iluminante com a qual conheceram Deus. E, além disso, Ibn 'Arabî é essencialmente voluntarista: para ele, o mérito principal reside no amor divino, fruto e causa, ao mesmo tempo, do conhecimento que a alma tem de seu Deus. Por isso outorga um grau distinto da visão beatífica aos místicos contemplativos, cuja ciência teológica derivou de sua união estreita com Deus por meio do amor. Por outro lado, coloca em grau inferior os santos que foram filósofos.

3. A diferença de graus, sem afetar o essencial da visão, revela-se acidentalmente na variedade de aspectos sob os quais a luz divina se manifesta e no maior ou menor brilho com que os escolhidos recebem e refletem exteriormente a luz. Estas três ideias de Ibn 'Arabî têm também seus respectivos paralelos na concepção dantesca. "Ali – diz Dante, estar perto ou longe, não dá nem tira".[134] A visão é, em essência, a mesma; mas há diferenças acidentais, "porque a visão, que em mim se fortificava ao contemplar a única aparência da luz, via esta de outro modo e forma, segundo ia se alterando a sua virtude visiva".[135] Finalmente, o brilho exterior dos eleitos é tópico que se repete a cada passo no *Paraiso* e, ainda que os dantistas o tenham explicado através da doutrina tomista dos dotes do corpo glorioso, um dos quais é a claridade, já vimos como Ibn 'Arabî, repetindo a doutrina dos místicos *ishrâqîs* – exposta também claramente por Samarqandî – explicava, antes que

---

134. *Paraíso*, XXX, 121.

135. *Paraíso*, XXXIII, 109.

São Tomás, a claridade dos escolhidos como uma redundância da glória da alma que se comunica com o corpo.

4. A visão beatífica engendra gozo ou deleite, proporcional ao grau daquela, mas tão vivo que produz êxtase na alma. O mesmo sucede em Dante, embora a proporcionalidade entre visão e gozo pudesse seu modelo na doutrina tomista. Mas, por outro lado, sobre o êxtase, que também aparece na descrição dantesca, não se encontra uma palavra na doutrina tomista, enquanto em Ibn 'Arabî o encontramos com os mesmos elementos constitutivos: amnésia ou perda da memória, torpor ou quase inconsciência, que adormece a alma pela intensidade do deleite.

5. As diferenças no grau da visão e no gozo concomitante não produzem nos que ocupam um grau inferior nem tristeza nem inveja; caso contrário, o céu não seria morada de paz e delícias. O mesmo responde Piccarda, interrogada por Dante: "Irmão, uma virtude de caridade aquieta nossa vontade, fazendo que não desejemos mais do que temos, e que não sintamos sede de outro bem. Se desejássemos estar mais elevadas, nosso desejo estaria em desacordo com a vontade d'Aquele que aqui nos reúne, desacordo que não cabe nestas (celestes) esferas".[136]

A identidade resultante do cotejo que acabamos de fazer entre as cinco teses fundamentais do murciano Ibn 'Arabî sobre a visão beatífica e seus paralelos dantescos é, por si só, de uma força tal para a sugestão, que prescinde todo comentário ponderativo. Vejamos, agora, outras semelhanças que são observadas quando ambas as descrições tratam de esquematizar com figuras geométricas a sublime realidade divina, contemplada no ato da visão gloriosa.

---

136. *Paraíso*, III, 52 e ss.

Recordemos, como notamos no estudo da redação C do segundo ciclo do *mi'raj*, que a imagem sob a qual é representada a divindade nas narrativas muçulmanas apresentava um desenho idêntico ao dantesco: um foco luminoso, rodeado de círculos concêntricos, formados por anjos resplandecentes, cada um dos quais circunda o anterior. Ibn 'Arabî o reproduz repetidamente em seu *Fûtûhat*, especialmente ao descrever a aparição de Deus no juízo final: os anjos descem dos céus astronômicos em sete imensas filas circulares concêntricas, rodeando a Divindade que ocupa o centro geométrico das sete circunferências.

Mas ainda há mais: Dante pretende explicar de algum modo o sobrenatural mistério da Trindade, e não encontra recurso mais acomodado que o mesmo símbolo geométrico circular: três giros ou circunferências de igual medida e cores diferentes, dos quais os dois primeiros parecem ser um o reflexo do outro, como dois arco-íris, e o terceiro se assemelha ao fogo, emitido pelos outros dois. Os comentaristas mais sagazes reconhecem que este símbolo geométrico tem mais de enigmático que de explicativo.

Porém, o círculo dantesco, assim como símbolo da Divindade, tem seus remotos precedentes na metafísica plotiniana, a partir da qual, por mediação da *Teologia Apócrifa* de Aristóteles, do livro apócrifo de Hermes Trimegisto e do *Liber de Causis*, passou aos muçulmanos, sobretudo aos sufis *ishrâqîs,* que abusaram deste recurso em toda sua metafísica e cosmologia emanacionista.

O murciano Ibn 'Arabî, mais que nenhum outro *ishrâqî,* utiliza círculos concêntricos, excêntricos, secantes e tangentes para representar Deus, quer em sua abstrata individualidade, quer em suas manifestações *ad extra*, quer em seus atributos, nomes e relações e, finalmente, nos termos de sua emanação. A relação entre Deus e suas emanações é exemplificada, sobretudo, através da infinidade de símbolos circulares.

Estes complexos esquemas se simplificam quando Ibn 'Arabî representa apenas a série sucinta e isolada dos gêneros supremos ou categorias ontológicas, cuja série hierárquica, em sua mais sublime cúspide, consta de três substâncias, hipóstases ou emanações do *Uno absoluto*: 1ª, a *Matéria Espiritual*, que é o princípio universalíssimo que contém em potência a raiz e a origem de todos os seres que não são Deus, concebido este enquanto *Uno absoluto*; 2ª, o *Intelecto universal*, que é a luz divina por cuja iluminação passam ao ato e recebem realidade objetiva os seres que na *Matéria Universal* estão em potência; 3ª, a *Alma universal*, efeito ou emanação também do *Uno*, mas mediante o influxo do *Intelecto*. Esta tríade de substâncias, cujo conjunto representa, para Ibn 'Arabî, a essência de Deus enquanto explícita e múltipla, está esquematizada no *Fûtûhat*[137] por meio de uma figura geométrica composta essencialmente de três círculos (Fig. 6):

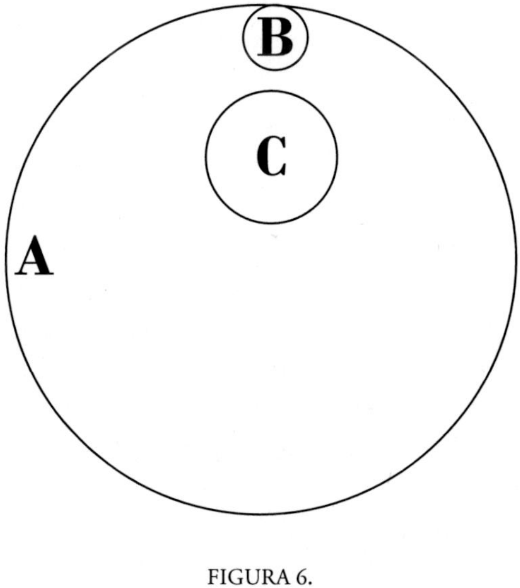

FIGURA 6.

137. *Fûtûhât,* III, 553.

O círculo de maior raio (A) representa a *Matéria espiritual*; o *Intelecto* (B) e a *Alma* (C) aparecem simbolizados por dois círculos de menor raio, interiores àquele, porém excêntricos entre si e em relação ao círculo máximo, ainda que quase tangentes um ao outro, exteriormente. Ibn 'Arabî não precisa as razões ocultas – se as teve - desses pormenores gráficos de seu esquema; mas o fato resumido de imaginar três círculos – um maior e envolvente de outros dois excêntricos e de menor raio – como símbolo das três hipóstases de sua divina tríade é, por si só, um dado interessante para aqueles que, ainda que reconhecendo de bom grado o sutil engenho do poeta florentino, não se satisfaçam com a cega admiração de suas invenções artísticas e anseiem explicá-las por suas origens, venham de onde vierem. Porque ainda que seja verdade que há um abismo de diferenças entre a tríade panteísta de Ibn 'Arabî e o dogma católico da trindade de pessoas divinas, esse abismo conceitual em nada afeta a representação simbólica de ambas as concepções mediante um esquema geométrico: adaptação deste esquema para representar uma ou outra concepção não seria nenhuma impossibilidade ou absurdo metafísico nem ofereceria perigo dogmático algum, sempre que pairasse uma discreta penumbra sobre a chave do enigma, sem descer a pormenores concretos de sua interpretação, que é cabalmente o que fez o poeta florentino com seu símbolo de três círculos.

Todas estas semelhanças acusam relação entre cópia e modelo. É moralmente impossível que se deva a uma coincidência casual. A casualidade, além disso, não é uma explicação científica dos fatos históricos. E o fato histórico que salta aos olhos é este: Ibn 'Arabî, no século XIII, vinte e cinco anos antes do poeta florentino vir ao mundo, deixa inseridos em quatro fólios seguidos de seu *Fûtûhat* os desenhos dos lugares de além-túmulo, todos eles inspirados no símbolo circular ou esférico que, no sistema *masarrí*[138] de Ibn 'Arabî,

138. Referência ao sistema de Masarra.

representa o cosmos e o seu princípio. Dante, oitenta anos depois, lega-nos em maravilhosos tercetos uma descrição poética daqueles mesmos lugares de além-túmulo. Os traços topográficos dessa descrição são tão minuciosos e precisos, que permitem a seus comentaristas do século XX representá-los graficamente por meio de planos geométricos, que resultam iguais em sua essência aos que sete séculos antes traçou o místico murciano. Sem o nexo da imitação destes últimos por Dante, a identidade comprovada entre ambos é um enigma sem chave explicativa ou é um milagre da originalidade.

III.

Elementos muçulmanos em narrativas cristãs precursoras da *Divina Comédia*

1.
Introdução

Os recursos artísticos e as concepções teológico-filosóficas do divino poema, cuja explicação genética não foi encontrada nem nas literaturas clássicas nem na enciclopédia do saber cristão medieval, até aqui foram atribuídos pelos dantistas à inventividade do poeta florentino, fecundada por certa influência difusa e indireta que sobre sua imaginação criadora exerceram um número considerável de narrativas populares de além-túmulo, divulgadas entre a massa cristã por todos os países da Europa, nos séculos imediatos que precedem a aparição de Dante. Essas narrativas medievais cristãs – tecnicamente chamadas "precursoras da *Divina Comédia*" – não apresentam, segundo os próprios dantistas, analogias tão estreitas com o poema dantesco que permitam estabelecer relação entre modelo e cópia, sendo, no melhor dos casos, uma mera influência difusa de gênese indireta.

Ainda assim, apesar de tudo, sempre caberia eludir a hipótese da influência muçulmana sobre a obra de Dante, acolhendo-se a suposição da evolução autóctone deste poema, no seio da literatura cristã, pelo desenvolvimento espontâneo dos germens escatológicos contidos nessas narrativas de seus precursores medievais. Portanto, para considerar este processo concluído e pronto para a sentença, uma nova investigação se impõe. Será preciso estudar a origem dos elementos escatológicos das narrativas precursoras, a fim de averiguar se podem ser explicados todos pela geração autóctone cristã, ou se, pelo contrário, alguns deles, levam também alguns em si mesmos o selo da nobre ascendência muçulmana que a *Divina Comédia* nos revelou.

A fé na imortalidade da alma e o natural anseio de conhecer já nesta vida as condições da futura são os móveis psicológicos que parecem explicar a origem de um número considerável de narrativas populares durante toda a Idade Média na Europa cristã, e cujo tema fundamental é a visita a vários lugares de além-túmulo e sua descrição fantástica e pitoresca. Labitte, Ozanam, D´Ancona, Graf, entre outros eruditos, analisaram todas estas narrativas, a cuja influência difusa é atribuída a gênese da *Divina Comédia*. Não é preciso repetir que são consideradas como fruto espontâneo da fantasia popular, como resultado de uma lenta elaboração dos dados da fé cristã, glosados e adornados pela ciência teológica dos monges e pela inventividade artística de trovadores e menestréis. [139]

Os monastérios da Irlanda são o principal foco de onde parece que se irradiam estas narrativas monásticas para difundir-se por toda a Europa; mas, antes do século XI, são tão breves, pobres, inartísticas e infantis, que não teriam servido de modelo a Dante, ainda que ele as tivesse conhecido todas. Assim o confessa D'Ancona. Por outro lado, a partir do século XI, vemos um salto brusco em sua evolução: começam a aparecer narrativas mais extensas, completas e sistemáticas, que denunciam em seus autores uma fantasia mais fértil e uma cultura mais refinada. D'Ancona, depois de chamar a atenção para esse contraste, conclui que estamos já em presença de "*veri abbozzi e prenunziamenti del poema dantesco*".[140]

Como explicar tão brusco salto na evolução do tema escatológico, dentro da literatura cristã ocidental? Por milagroso surto autogenético dos germens próprios ou por fecundação devida a germens estranhos? Nem a arte, nem a natureza admitem saltos na dinâmica de sua evolução. Graf, ao estudar um numeroso ciclo dessas narrativas

---

139. D´Ancona, 9, 25, 26, 27, 38, 70, 84 e passim.

140. D´Ancona, 42.

medievais cujo tema são as viagens ao paraíso terrestre, vê aparecer nelas pormenores estranhos ao relato bíblico, *vindos não se sabe como nem por qual caminho.*[141] E conta-se que Graf, ao fazer esta nobre confissão de ignorância, havia aproveitado metodicamente quantas fontes a moderna erudição europeia colocou ao alcance de suas mãos. Só a literatura escatológica do Islam escapou as suas sagazes pesquisas. Preenchamos, então, este vazio, examinando as narrativas muçulmanas de além-túmulo que nos ofereçam elementos poéticos a cujo influxo caiba atribuir essa inexplicável eflorescência autogenética de narrativas cristãs na décima primeira centúria.

Um sintoma geral daquele influxo pode ser encontrado, antes de mais, em um fenômeno observado pelo próprio Graf: ele adverte que muitas das narrativas cristãs dessa época, vulgarizadas por toda a Europa, tais como a visão de Túndalo, a de São Patrício, de São Paulo, do monge Alberico etc., colocam os justos em um lugar que não é o céu teológico, esperando pelo dia da ressurreição e juízo final para serem admitidos à glória. Mas, como o próprio Graf declara, desde o século V a doutrina comum e ortodoxa da Igreja admite para os justos a visão beatífica sem esperar pelo juízo final; e a doutrina oposta era anatematizada como herética.[142] Pode haver sintoma mais veemente da origem extra católica daquelas narrativas? Ora, o Islam supõe que as almas dos justos, da morte à ressurreição, não residem no céu teológico, mas em vários lugares ou moradas de prazeres, cuja descrição coincide com vários episódios daquelas narrativas cristãs. Esta coincidência nos convida a atribuir ao Islam a origem de tais narrativas, como baseadas em uma crença já abolida por heterodoxia no cristianismo ocidental, e viva, pelo contrário, entre os muçulmanos. E este sintoma geral não é o único: muitas das

141. Graf, Miti, I, Introducción, XXII.

142. Graf, I, 66 – 67.

narrativas examinadas por Ozanam e D'Ancona em seus estudos sobre os precursores dantescos, eles garantem que jamais foram autorizadas pelos procedimentos aprobatórios da Igreja.[143] Dir-se-ia então, como se esta, ao repudiá-las, tivesse adivinhado sob o falacioso véu de suas descrições poéticas uma dogmática que não concordava totalmente com o credo tradicional na ortodoxia do Ocidente cristão. E, de fato, essa adivinhação não pode ser taxada de suspeitosa: os flagrantes casos de influência islâmica que nos oferecerão muitas dessas narrativas medievais justificarão plenamente as suspeitas que sempre abrigara contra sua ortodoxia a autoridade da Igreja católica.

Nosso cotejo, realizado muitas vezes somente sobre resumos e análises, mais do que resolver definitivamente esse interessante problema literário, servirá, no entanto, para sugerir aos especialistas quão vastos e novos horizontes podem se abrir nesta direção e para desflorar uma exígua porção dos temas que uma matéria tão fecunda oferece.

2.
Narrativas de Visões Infernais

2.1. Narrativa dos três monges do Oriente, ou, de São Macário[144]

Sua datação é incerta: Labitte e Ozanam a supõem do século sexto, sétimo ou oitavo, mas Ozanam faz notar que é posterior ao Islam, posto que São Macário, no epílogo da narrativa, pergunta aos monges, seus hóspedes, que notícias têm dos sarracenos; Graf a considera bastante antiga, sem precisar a datação, e ainda que afirme que é de origem greco-cristã, o caráter mítico ou fabuloso de São

143. Ozanam, 458; D'Ancona, 33.

144. Labitte, 103; Ozanam, 434; D'Ancona, 38; Graf, I, 84.

Macário – cuja realidade histórica e datação de vida são impossíveis de precisar – vem aumentar a incerteza em que as origens da narrativa aparecem envoltos. Examinemos os traços descritivos que nela possam denunciar a ascendência islâmica:

> Os três monges percorrem sete terras: uma, formada por vários países do mundo conhecido; outra, de cinocéfalos; outra, de pigmeus; outra, de répteis; outra, de ásperas rochas; outra, de elefantes e outra, de espessas trevas, por trás das quais se levanta a abside que Alexandre Magno erigiu como fim do mundo. Depois percorrem as regiões infernais, contemplando seus suplícios. E já fora do inferno, os peregrinos penetram em um bosque, onde sobre os ramos das árvores veem uma multidão de almas, encarnadas em corpos de pássaros, que com voz humana clamam pedindo a Deus o perdão de suas culpas.

A divisão da terra em sete regiões é um tópico de muitos *ahadith* islâmicos, onde algumas delas são descritas com caracteres topográficos análogos aos da narrativa de São Macário: por exemplo, as habitadas por cinocéfalos ou répteis e a constituída por pedras de enxofre. A região tenebrosa que precede a abside de Alexandre Magno não falta em nenhuma redação da narrativa árabe do Dhu Al-Qarnayn muçulmano, identificado com o conquistador macedônio, a quem Muhammad, em seu *Corão*, outorgou a dignidade profética. Nessa mesma narrativa muçulmana a abside é identificada com a muralha que Dhu Al-Qarnayn erigiu contra Gog e Magog, que, por certo, são descritos com uma estatura não maior de palmo e meio, como os pigmeus da narrativa cristã, que só mediam um côvado.

Alguns suplícios são também idênticos a outros islâmicos já assinalados: por exemplo, o lago de enxofre ígneo onde os pecadores são atormentados por cobras; um gigante acorrentado em meio às chamas; uma mulher atormentada por uma enorme serpente, etc.

Mas onde o caráter muçulmano ganha maior relevo é no episódio das aves humanas. Graf só pôde encontrar como precedente o fato de que no simbolismo cristão a alma é representada sob a forma de pássaro. Mas aqui não se trata de um símbolo, mas de uma encarnação das almas em corpos de aves, que, além disso, estão em um bosque, e cabalmente próximo ao paraíso, meta dos três peregrinos em sua viagem. Ora, era crença muçulmana, desde os tempos de Muhammad, que os espíritos dos mártires da guerra santa e de alguns fiéis esperassem pelo juízo final ou pela ressurreição em um jardim ou bosque à porta do paraíso, encarnados em pássaros, como tordos, bem brancos, bem verdes. E mesmo os colóquios de Deus com essas aves não deixam de apresentar alguma semelhança remota com as palavras que a narrativa cristã coloca na boca das aves humanas.

2.2. Visão de São Paulo[145]

Por volta do século IV parece que foi forjada uma *Apocalipsis* grega sobre uma passagem da segunda Epístola a Corintos (XII, 2-4), que é o núcleo primitivo e remoto da *Visão* de São Paulo. As narrativas sobre este tema paulino não foram difundidas no Ocidente antes do século IX, e as mais literárias não são anteriores ao XIII. A relação entre as redações ocidentais e a grega primitiva é obscura; apenas não se duvida de que esta sofreu notáveis modificações antes de passar ao Ocidente, sem que se possa precisar quando ou quem introduziu tais alterações. Vejamos, então, se alguns traços descritivos de seus textos ocidentais denunciam, por seu caráter islâmico, este conduto desconhecido, por cuja mediação chegaram ao conhecimento da Europa cristã.

145. Ozanam, 399; D'Ancona, 45; Graf, I, 245.

São Paulo empreende a viagem à noite, acompanhado pelo arcanjo Miguel. A primeira visão infernal é a dos avaros suspensos pelos pés, língua ou orelhas, em galhos de árvores. Os impenitentes sofrem dentro de um forno ardente. Sobre um rio turvo se alça uma ponte, sutil como um cabelo, que põe em comunicação este mundo com o paraíso; as almas dos justos o atravessam facilmente e as dos maus caem no rio. Outros réprobos são atormentados presos a uma roda ígnea que gira incessantemente. O Apóstolo contempla em seguida como uma alma é conduzida ao paraíso pelos anjos, enquanto os demônios arrebatam ao inferno a alma de um condenado. Por último, os réprobos rogam humildemente ao Apóstolo que interceda por eles, e Cristo, por mediação de São Paulo, concede-lhes um descanso semanal, a partir da nona hora do sábado até a primeira de segunda-feira.

Todos estes pormenores encontram seu paralelo nas tradições muçulmanas: Muhammad empreende também sua viagem à noite, acompanhado por Gabriel. O tormento dos avaros é um tópico nos *ahadith:* réus por diversos pecados aparecem suspensos pelos pés, pela língua, pelos cabelos, pelas mamas e certamente com uma adequação entre a culpa e o membro atormentado, completamente ausente na visão paulina. O suplício dos impenitentes é idêntico ao dos adúlteros que se descreve em duas redações do *isrá*. O episódio da ponte entre a terra e o céu é um flagrante plágio do *sirat* muhammadiano e da cena do juízo final que a este se refere. Um companheiro de Muhammad, Abu Sa'id, descreve também o *sirat* como mais sutil que um cabelo. A roda ígnea é também um suplício de ancestralidade muçulmana. Ao estudar o tormento dantesco dos sodomitas citamos vários precedentes. E há mesmo um *hadith* de Abulmatsani Elamluqui (século VIII), que diz: "Há no inferno gentes atadas a rodas ígneas, que giram sem descanso nem repouso".

A cena em que São Paulo contempla a condução de uma alma ao céu e de outra ao inferno é vulgaríssima na escatologia muçulmana. Em um capítulo do *Tadsquira* do Cordobês, intitulado "Aonde vão as almas quando saem do corpo?", está inserido um *hadith* de Muhammad que descreve a morte do justo e do pecador, e as peripécias emocionantes a que se veem submetidas suas almas ao serem levadas ao céu ou ao inferno por anjos ou demônios, respectivamente.

Finalmente, quanto ao descanso dos réprobos, Graf ressaltou que a diferença principal entre a *Visio Pauli* ocidental e a *Apocalipsis* grega consiste em que, para esta última, o repouso é anual e, para aquela, semanal[146]. Quando e por quem foi introduzida esta mudança? Narrativas islâmicas anteriores em data à *Visio* latina contém, como estudaremos adiante, idêntica crença em um repouso semanal dos condenados, da véspera da sexta-feira até a manhã de sábado. Enquanto isso, a consequência que desta demonstração futura surge para nosso presente objeto, é que a *Visio Pauli* ocidental penetrou na Europa cristã através de adaptações muçulmanas da *Apocalipsis* grega.

2.3. Narrativa de Túndalo[147]

Data indubitavelmente da segunda metade do século XII: o protagonista vivia em 1149. O autor da redação latina, um monge irlandês, declara tê-la feito sobre um texto escrito em linguagem bárbara[148]. Equivale esta declaração a confessar sua procedência de um texto árabe? O número extraordinário de elementos muçulmanos que nos oferece e o relevo invulgar de alguns deles parece sugerir tal conclusão. Vejamos.

---

146. Graf, I, 247.

147. D'Ancona, 53 – 59.

148. Biochet, *Sources*, III.

Seu tema é uma viagem às regiões de além-túmulo, realizada pela alma de Túndalo ao separar-se do corpo por uma morte súbita, ainda que aparente e não definitiva. O viajante, ressuscitado, relata o que viu. Entre suas visões abundam tópicos de outras narrativas anteriores, cujos precedentes muçulmanos já demonstramos amplamente: por exemplo, o suplício do fogo e o do gelo, o rio de enxofre, os sequazes infernais armados com ganchos ígneos, com os quais espetam os corpos dos pecadores; a ponte estreitíssima que só os bons conseguem atravessar, etc. Do outro lado da ponte infernal, contempla uma besta monstruosa, chamada *Acheronte* – uma das denominações do inferno clássico – que, com sua desproporcional boca aberta, similar a três portas, devora os pecadores. A mesma personificação do inferno se encontra nos *ahadith*, ao descrever uma besta chamada *Jahannam*, ou *Geena* (que é o nome do inferno no Islam), a qual, com suas múltiplas bocas devora vários pecadores, três, segundo algumas redações. E a região que Túndalo descreve como lugar de expiação das almas que "por não serem muito más nem muito boas, não mereceram ser associadas ao consórcio dos santos, ainda que tenham sido arrancadas dos tormentos do inferno", tem seu protótipo no *Al-A'raf* muçulmano.

Em outra região infernal, Túndalo vê demônios que, como ferreiros, martelam furiosamente os pecadores sobre bigornas. Estamos na presença de uma adaptação do castigo da tumba, tão vulgar na escatologia do Islam, segundo o qual dois terríveis anjos negros, armados de martelos, interrogam o réprobo que acaba de ser sepultado, e como este não pode responder satisfatoriamente às perguntas, os sequazes desferem sobre suas cabeças marteladas com violência desumana por sete vezes alternadas. A pintura é tão plástica e viva que por sua força deveria impressionar todo aquele que a ouvisse e tentá-lo a transmiti-la, e assim a vemos também adaptada, por exemplo, na narrativa de Hugo, marquês de Brandeburgo[149].

---

149. D'Ancona, 78, e Graf, I, 107.

Ainda restam três episódios nos quais a cópia literal é mais flagrante e indiscutível. Um deles é a pintura de Lúcifer, rodeado de demônios e preso a uma grelha ardente, gritando de dor, agarrando com suas cem mãos milhares de almas, apertando-as entre seus dedos como se fossem cachos de uvas, sendo então os corpos, assim feridos, expelidos e atraídos alternativamente pelo rítmico resfolegar da boca de Lúcifer. Prescindindo da postura de Lúcifer, traço muçulmano já estudado, e de seu rítmico resfolegar, cujos efeitos de atração e repulsão têm seu modelo no islâmico forno dos adúlteros, o traço mais pitoresco que resta é um plágio evidente do *hadith* de Tawus Ibn Kaysan (século VIII): "Deus criou um anjo e lhe deu tantos dedos como é o número dos condenados ao fogo; e cada um destes é atormentado somente com um dos dedos daquele anjo. Por Allah [vos digo] que se este anjo pusesse um de seus dedos sobre o firmamento, este se fundiria por seu calor".

No segundo episódio as almas dos condenados são conduzidas, primeiro para ver os prazeres dos escolhidos, para que sua pena seja redobrada: *ut magis doleant.* Esta emocionante cena é um tópico dos autores de livros devotos e ainda dos mais ilustres teólogos muçulmanos. Segundo um *hadith*, "Deus mandará conduzir ao céu, no dia do juízo, alguns condenados, mas quando já estejam próximos será ouvida uma voz que gritará: afastai-os do céu, pois nele não terão lugar". Como se pode observar, nestes traços a crueldade aparece misturada com o sarcasmo, e as chacotas e piadas brutais, parecidas com esta, que sofrem os condenados, são suficientes em número para que o *Tadsquira* lhes consagre um capítulo intitulado "Das zombarias que hão de sofrer os réprobos".

O último episódio de origem islâmica é pitoresco ao extremo: o protagonista é acusado de haver roubado uma vaca de seu compadre, e o anjo, que o guia em sua viagem, obriga-o, como castigo, a atravessar a estreita ponte que conduz ao paraíso acompanhado daquela mesma vaca, que assume uma atitude selvagem e feroz. Esta cena – análoga àquela que se apresenta na visão do usurário Godescalco, relatada por Cesário[150] – é cópia evidente de um *hadith* atribuído a Abû Hurayra, companheiro de Muhammad, e consignado já como autêntico desde o século IX nas coleções canônicas:

> Juro, por Aquele em cuja mão está minha alma, que nenhum dono de carneiro, vaca ou camelo, pelo qual não pagou a porção ritual do azaque, deixará de encontrar o animal no dia do juízo com o mais furioso aspecto que tenha no mundo assumido, e com ígneos chifres irá corneá-lo e com seus cascos irá pisoteá-lo, até abrir o seu ventre e romper as suas costelas.

2.4. Outras narrativas

Também existe um sem número de traços muçulmanos nas seguintes narrativas do mesmo tipo: *O Purgatório de São Patrício*, de origem irlandesa (segunda metade do século XII), imortalizada por Calderón no drama de igual título; *A Visão de Alberico* (século XIII), nascida na Itália, no monastério de Montecassino; o *Canto do Sol* (Solar Liod), contido no *Edda Saemundar*, ou coleção de tradições mitológicas da antiga Escandinávia (século XI); a *Visão de Turkhill* (século XIII); a *Visão do abade Joaquim* (século XII), e a *Visão do Cantor de Regio Emilia*, tratado apocalíptico em verso e em dialeto vulgar, redigido por um trovador italiano anônimo, já dentro do século XIII.

A originalidade dos episódios destas narrativas é bem exígua: quase todas as suas visões são semelhantes às das narrativas anteriores. "Os visionários – diz D'Ancona – começam a se copiar mutuamente; e é muito natural, porque a fantasia humana se esteriliza e

---

150. D'Ancona, 58.

estanca, e a dos visionários estava já cheia das formas inventadas pelos seus antecessores; portanto, voltavam a ver o que outros já tinham visto". A observação não pode ser mais justa e tem perfeita aplicação à nossa tese: a maioria dos traços pitorescos destas narrativas encontram seus precedentes nos já conhecidos da escatologia islâmica.

Sublinharemos apenas que na *Visão do Cantor de Regio Emilia*[151] divide-se o inferno em oito compartimentos, com dez portas, como se o poeta tivesse aceitado – o mesmo que depois fizeram os místicos muçulmanos – o duplo sentido de piso e de porta que os *ahadith* e os exegetas deram à palavra *bab*, com a qual o *Corão* designa os sete departamentos infernais. Como nas tradições islâmicas, cada piso tem a sua correspondente categoria de condenados, sua particular característica topográfica e seu nome próprio. E quanto aos nomes, parece que o trovador tinha diante de seus olhos um *hadith* islâmico de Abensoraich, porque removidos *Tártaro, Averno, Báratro* e *Abisso*, denominações clássicas com as quais o poeta substituiu as correspondentes muçulmanas, as restantes são rudes transcrições dos nomes árabes: assim, *Ago* deve ser *Hagüia,* que leva ao 7º piso no *hadith*, e que significa abismo; Aciro é um esboço do árabe *Açair* (fogo flamejante), do 4º piso; e Gena é a *Jahannam, Jehennem* ou *Geena*, do 1ª piso muçulmano.

3.
Narrativas de ponderação sobre as almas

Formam todo um ciclo lendário sumariamente analisado por D'Ancona dentro das narrativas ou visões de índole política. As prin-

151. Vossler, II, 201.

cipais têm como protagonistas os imperadores Carlos Magno e Henrique III, ou o rei Rodolfo de Borgonha. Conduzidos ante o tribunal divino, os demônios lançam na balança o forte peso de seus pecados; mas quando o prato começa a pender para este lado, apresenta-se algum santo, como São Tiago, São Dionísio ou São Lourenço, os quais lançam no outro prato todas as boas obras do príncipe, os santuários por ele edificados, os ornamentos doados às igrejas, etc., e a balança pende para o lado favorável e a alma se livra do inferno.[152]

É bem conhecida a remota ascendência egípcia do mito religioso da balança para pesar as almas no juízo divino: ante a presença de vários deuses fúnebres e de quarenta e dois juízes presididos por *Osíris*, o coração do morto é pesado pelos deuses *Hórus* e *Anúbis* em uma balança e o deus *Thot* anota o resultado do peso. O mesmo mito reaparece na escatologia persa do Avesta: na entrada da ponte *Çinvat* se levanta o tribunal, constituído por *Mithra*, deus da justiça, *Sraosha*, o anjo da obediência, e *Rashnu Razishta*, o anjo da balança, na qual as boas ações são colocadas em um prato e as ações más, no outro. Às vezes, a confissão dos próprios pecados e o ato de fé pela alma do morto conseguem fazer a balança pender para as boas ações.

O mito penetrou rapidamente na Arábia e Muhammad o admitiu no *Corão* (XXI:48 *et alibi*), colocando na boca de Allah estas palavras: "Nós estabeleceremos balanças justas no dia da ressurreição. Nenhuma alma será tratada injustamente, ainda que as obras que tivermos que julgar tenham apenas o peso de um grão de mostarda". Em seguida, os *ahadith* se apoderaram do tema e o glosaram com pormenores pitorescos. Conduzido o réu ante o tribunal divino, são lidos a ele noventa e nove registros em que constam seus pecados e em seguida tais registros são colocados em um prato da balança, que fazem descer; mas, no mesmo instante, Deus em pessoa,

152. D'Ancona, 22; Labitte, 110.

ou Muhammad, colocam no prato oposto um papelzinho no qual está escrita a profissão de fé do réu, ou que simboliza a oração do pecador em honra do Profeta, ou uma bolsinha contendo a terra que o réu lançou em vida sobre o túmulo de seu próximo, e a alma se salva. A balança é imaginada com dois enormes pratos, um de luz e outro de escuridão, situados à direita e à esquerda do divino Trono, próximos, respectivamente ao céu e ao inferno. E o anjo Gabriel costuma ser o encarregado da ponderação.

Não é necessário muito esforço para compreender que não foi o mito egípcio-persa o que determinou, por influxo imediato, a gênese das narrativas cristãs, já que é moralmente impossível que ditas escatologias orientais chegassem de modo direto ao Ocidente cristão naqueles séculos. Por outro lado, uma vez que o mito da balança foi assimilado ao Islam, o enigma fica decifrado, ainda mais porque nos *ahadith* há o mesmo desenlace episódico que nas narrativas cristãs, a saber: a intervenção imprevista e sobrenatural que vem a decidir, com seu peso no prato das boas ações, a salvação da alma.

Este influxo do dogma muçulmano da psicostasia nas narrativas cristãs pode esclarecer, além disso, um enigma artístico estudado por Émile Mâle, em sua obra *L'art religieux du XIIIéme siècle en France*. Nos pórticos das catedrais góticas da França meridional aparece representado São Miguel com uma balança na mão, pesando as boas e más ações dos homens[153]. Esta representação, que carece de precedentes evangélicos e que não pode proceder de influência direta do mito persa ou egípcio, é, sem dúvida, reflexo do mito muçulmano da balança, sem mais nada além de substituir o Gabriel islâmico por São Miguel, uma de cujas funções, segundo a liturgia eclesiástica, é a de apresentar as almas dos defuntos ante o Trono divino e introduzi-las no céu.

153. Mâle, 420.

É curioso, a propósito das influências muçulmanas nas representações artísticas, consignar dois casos parecidos. Um deles é a representação, alheia à tradição católica e frequente na arte medieval, da Virgem e de São João Batista de joelhos ao lado do trono de Cristo juiz, intercedendo pela salvação dos pecadores. Em todos os *ahadith* proféticos pinta-se a cena da intercessão de Muhammad e de todos os profetas pelas almas dos pecadores ante o trono do divino juiz.

O outro caso é o fato de que os artistas medievais e renascentistas representam nus os pecadores ressuscitados na cena do juízo final, sem que a tradição cristã autorize, com sua doutrina, tal circunstância. Por outro lado, o dogma muçulmano a consigna taxativamente, afirmando que "no dia do juízo, juntar-se-ão ante o trono de Deus todos os homens, descalços, nus, com suas vergonhas incircuncisas descobertas". E mais: este traço provocou certa repugnância entre os primeiros muçulmanos, da qual fez eco Aisha, esposa de Muhammad, ao próprio profeta. Mas ele a tranquilizou, dizendo: "Ó Aisha! A gravidade daquele terrível transe será tal, que ninguém se ocupará de olhar para o seu próximo! Cada qual terá, naquele dia, bastante com que se preocupar para que não pense nos demais!".

4.
Narrativas Paradisíacas

Ao estudar o paraíso dantesco assinalamos o contraste, quanto ao tema, entre Dante e seus precursores. Agora é ocasião de demonstrar que essas concepções antropomórficas e materialistas do céu tinham também seus modelos na escatologia muçulmana.

Uma coincidência geral entre essas narrativas e as islâmicas consiste em confundir, ou melhor, em não distinguir sempre os cenários do paraíso terreno e do celestial. É preciso recordar que em algumas redações do *mi'raj* um jardim de prazeres é o cenário do paraíso teológico, que não se supõe situado sobre o firmamento astronômico, ainda que tampouco se diga taxativamente que está situado na Terra.

Os traços descritivos deste paraíso muçulmano, concebido como jardim, reaparecem em algumas narrativas poéticas da Europa cristã no século XIII. No poema *Le vergier du paradis*, publicado por Jubinal[154], o paraíso é um maravilhoso vergel que encerra, dentro de suas florestas, castelos construídos de ouro e pedras preciosas. Claro é que tal topografia pode, em parte, ser explicada pela evolução autóctone das descrições cristãs da Jerusalém celestial do Apocalipse; mas, a explicação fracassa quando a essa topografia geral se somam pormenores pitorescos exclusivos do Islam.

Um dos mais notáveis é encontrado na narrativa de Turkhill[155], em que o protagonista adverte como, sentado ao pé de uma árvore maravilhosa, "Adão parecia rir com um olho e chorar com o outro: ria pensando em seus descendentes que iriam para a vida eterna, e chorava pensando naqueles que iriam para a eterna condenação". Este episódio, que Graf considera sem precedentes, encontra-se na redação A do segundo ciclo do *mi'raj*, contida nas coleções autênticas de *ahadith* (século XI). Conta que Muhammad viu no primeiro céu "um homem que tinha a sua direita uma turba e a sua esquerda outra turba; quando olhava para a direita, ria, e quando olhava para a esquerda, chorava". E Gabriel lhe explica: "Este é Adão, e estas turbas que estão a sua direita e a sua esquerda são a descendência de seus filhos: os da direita são os do céu e os da esquerda são os do inferno".

154. D'Ancona, 104.

155. Graf, I, 67.

Mas há algo mais que episódios isolados: a concepção, em suas linhas gerais, é também muçulmana em muitas das narrativas paradisíacas. Nelas, o paraíso costuma ser concebido como uma corte feudal e a vida paradisíaca como uma recepção solene oferecida pelo senhor a seus cortesãos, seguida de música e dança. Segundo a *Cour du paradis*, obra de um trovador provençal do século XIII[156], o Senhor dá uma festa em sua corte no dia de Todos os Santos. São Simão e São Judas são como arautos que percorrem o paraíso convidando os bem-aventurados. Quando a recepção vai começar, cada categoria de convidados se apresenta entoando hinos de amor e dançando. Maria e Madalena cantam e dançam especialmente. Em outra narrativa, *Visione dei gaudi dei santi*[157], os escolhidos, cavaleiros em belíssimos corcéis, vão em reluzente cavalgada até as torres e castelos paradisíacos. No poema de Giacomino, o menestrel veronês[158], os santos são cavaleiros que militam sob a bandeira de Maria, que os recompensa com coroas de flores, freios e selas de ouro e esmeraldas e velocíssimos cavalos. Finalmente, em algumas outras narrativas, a festa paradisíaca é forjada segundo um tipo mais religioso[159]: a reluzente cavalgada é substituída por uma procissão de santos, presidida por Deus, à qual sucede uma festividade em que Santo Estevão recita a Epístola, e São João, o Evangelho.

É bem significativo que no Islam existisse, desde muito antes do século X, todo um ciclo de *ahadith* atribuídos a Ibn Abbas, que já no título, *A Corte da Santidade*, sugere certa analogia com uma das narrativas cristãs que acabamos de analisar, com título similar – *Cour du paradis* –, e cujo assunto é idêntico ao de todas estas quanto

156. D'Ancona, 88.

157. D'Ancona, 105.

158. D'Ancona, 105.

159. D'Ancona, 90, n. 2.

ao tipo geral da concepção paradisíaca, que se descreve como uma recepção solene, acompanhada de música e dança e, ao mesmo tempo, como uma festividade religiosa.

Segundo essas tradições, no alvorecer da sexta-feira, Deus envia anjos para que entreguem aos escolhidos os convites pessoais, acompanhados de valiosos presentes. A recepção tem lugar em dois castelos de cândidas pérolas: um, para os homens, presididos por Muhammad; outro, para as mulheres, presididas por Fátima. A festa começa pelos cânticos de louvor divino, entoados pelas *huris*. A emoção da música anima os bem-aventurados a dançar; mas, para poupá-los dos incômodos físicos da dança, são disponibilizados a eles maravilhosos veículos dotados de asas. Finalmente, Deus conversa com todos os convidados, que se retiram imediatamente para seus aposentos particulares. Em uma segunda redação, segue-se a esta festa uma outra, de caráter religioso, na qual do púlpito Davi lê seus salmos, e Muhammad um capítulo do *Corão*. A adaptação do *hadith* às narrativas cristãs é evidente. E é preciso notar ainda que, assim como na narrativa islâmica, a visita de Deus é semanal, na cristã é anual, e, portanto, a visão beatífica não é constante, suposição que é repugnante à dogmática cristã.

Uma terceira redação do *hadith* muçulmano nos aparece, enfim, como protótipo da *Visione dei gaudi dei santi* e do poema de Giacomino. Nela, todos os convidados, os homens montados em cavalos e as mulheres em camelas, avançam em um cortejo reluzente, capitaneados por Muhammad e Fátima, ao qual se incorporam Adão, Moisés e Jesus, até chegar ao áureo castelo do Rei dos céus, em cujo interior, em uma ampla esplanada, tem lugar a festa. Até mesmo os presentes de Maria a seus cavaleiros, no poema do menestrel veronês, encontram também aqui seu antecedente. Efetivamente, os anjos, por ordem de Deus, entregam aos escolhidos "uns corcéis de vermelho jacinto, cujas selas são de verdes esmeraldas, providos de asas de ouro e patas de prata".

5.
Narrativas de viagens marítimas

Existe na literatura cristã medieval, a partir do século XI, um grupo numeroso de narrativas que os dantistas têm estudado devido à possibilidade, ainda que remota, de estarem na gênese da *Divina Comédia*, já que seu assunto é também, como nesta, a visita e a descrição de lugares inacessíveis ao comum dos mortais, e que podem ser identificados com as regiões do além-túmulo. Cabe reduzir estas narrativas a três grupos, de acordo com a condição de seus protagonistas:

1º) viagens de meras aventuras, como as de Haroldo da Noruega e Gormo da Dinamarca, e as de Malduíno, dos filhos de Conall Dearg Ua-Corra, de Snedhgus e Mac-Riaghla, famosos entre os povos de raça celta;

2º) odisseias monásticas, como a muito célebre navegação de São Brandão e as de São Barinto, São Mernoc, São Malo, Santo Amaro, dos monges armoricanos, etc.;

3º) expedições marítimas guerreiras, como as de Hugo de Bordeos, Balduíno de Sebourg, Ugger, o dinamarquês, Hugo de Auvernia, Guerino, o Mesquinho, etc.

É impossível subtrair-se à hipótese da influência do Islam na gênese de todas essas narrativas, quando se sabe que, pelo menos desde o século X, difundido entre o povo muçulmano já havia, todo um ciclo lendário de viagens maravilhosas por ilhas, ou seja, desde a época do florescimento do comércio marítimo no Golfo Pérsico e no Oceano Índico. Todas essas narrativas muçulmanas admitem a mesma classificação das cristãs em três grupos:

1º) simples aventuras marítimas, como as de Simbad, o Marinheiro, e Hasan de Baçorá, Azem, Ganessa e o Príncipe de Karizme;

2º) navegações maravilhosas com fins religiosos, como as narrativas de Al-Khidr, Moisés, Jonas, José, Boluquía, do nascimento de Muhammad, de Abdel Motalib, o sábio, Yárab, o juiz, Tamim Al-Dari, o soldado, Abutálib, o doutor da lei, Zesbet, Abul Fauaris, Saif Al-Moluc, etc.;

3º) expedições mistas de aventuras guerreiras e de viagens religiosas, cujo modelo exemplar é a narrativa corânica do Dhu Al-Qarnayn islâmico, profeta fabuloso amalgamado com a pessoa de Alexandre Magno, tal como a pintou o pseudo-Calístenes.

A este simples paralelo entre as linhas gerais de ambos os ciclos, que vale por toda uma prova de imitação, acrescenta-se a opinião de Victor Chauvin, de que "a influência direta ou indireta dos relatos orientais de viagens maravilhosas se apresenta em mais de uma novela da Idade Média" [160]. E, por outro lado, os estudos especiais de De Goeje sobre as estreitas relações entre a *Navegação de São Brandão*, tipo de quase todas as navegações irlandesas, e as viagens de *Simbad, o Marinheiro*[161], obtiveram a adesão, ainda que parcial, de um romanista tão autorizado como Graf[162]. O problema está, portanto, resolvido em princípio, e só nos resta dar uma contribuição às demonstrações de De Goeje no que tange à *Navegação de São Brandão*[163], acrescentando alguns dados que as confirmem e completem, assinalando outras fontes árabes de caráter popular, especialmente os relatos das viagens de Boluquía e Dhu Al-Qarnayn,

160. Chauvin, VII, 77.

161. Cf. Goeje, *Légende St. Brandan.*

162. Graf, I, 102.

163. Ver as análises de Graf, I, 97 – 110; Goeje, loc, cit; Labitte, 119 – 123; D'Ancona, 48 – 53.

conservados por Tsa'alabí e, portanto, anteriores ao século XI, assim como outras narrativas islâmicas de remota data.[164]

São Brandão encontra em uma ilha um castelo desabitado, e dentro dele, uma mesa preparada com deliciosos manjares, que come até se saciar. Boluquía encontra também em uma ilha, sob uma árvore, uma mesa posta, com vários manjares e um peixe assado. Um pássaro maravilhoso, de uma árvore o saúda e o autoriza a comer daqueles manjares até se saciar.

Outra ilha visitada por São Brandão e seus monges está cheia de árvores de cuja lenha fazem fogo para cozinhar o alimento; mas, como a aparente ilha era, na verdade, uma enorme baleia, que ao sentir o calor sobre seu dorso começa a se agitar, e os monges se atiram ao mar para se salvarem a nado. De Goeje – e, antes, Reinaud e D'Avezac – advertiu que este episódio é idêntico ao da baleia que Simbad encontra na primeira de suas viagens. No entanto, como a narrativa de São Brandão, ainda que não seja anterior ao século XI em nenhuma de suas atuais redações, há quem afirme que deriva de fontes irlandesas de data anterior, e na impossibilidade de provar-se documentalmente a data da narrativa de Simbad, ainda que por razões de crítica interna se costume situá-la no século X de nossa era, o problema seguia em pé até chegar à suposição, por Schröder, de que o episódio da baleia passou da Irlanda para o Oriente. No entanto, há razões de peso que obrigam a rechaçar esta possibilidade. Em primeiro lugar, o mito da ilha-baleia se apresenta já no *Avesta* e no *Talmude*, ainda que sem o detalhe da vegetação. Portanto, segundo De Goeje, se desde remota antiguidade o mito apresenta no Oriente uma forma simples, a do *Avesta*, e outra hiperbólica mais moderna, a de *Simbad*, nasceu no Oriente e não na Irlanda, onde só aparece a versão hiperbólica em data posterior. Mas esta demonstração se

164. Cf. *Quísas*.

fortaleceria caso De Goeje houvesse podido encontrar documentos árabes do mito hiperbólico com data concreta anterior à de *Simbad.* Pois bem, eu encontrei consignado o mito da baleia com árvores no *Livro dos animais*, de Al-Jahiz, famoso literato de Baçorá, que viveu entre os anos 781 e 869 de nossa era, ou seja, mais de um século antes da suposta data do conto de *Simbad* e, seguramente, em data muito mais antiga que as fontes irlandesas às quais se atribui a origem da *Navegação de São Brandão*.

A ilha seguinte com a qual este santo se depara em sua viagem se chama Ilha dos Pássaros, porque está povoada por aves brancas e falantes, nas quais se ocultam espíritos angélicos. É preciso recordar que na ilha da mesa posta, em que Boluquía desembarca, também encontra um pássaro maravilhoso e falante, que desempenha o ofício angélico de enviado de Deus e que o convida a comer. Além disso, já vimos na *Narrativa de São Macário*, como no Islam se supõe as almas humanas encarnadas em aves, precisamente brancas e falantes, às quais alguns *ahadith* atribuem também natureza angélica. Finalmente, em todos os livros muçulmanos de onirocrítica diz-se que os pássaros com que se sonhou significam anjos.

Em outra ilha, São Brandão se encontra com uns santos monges que só se alimentavam de pão vindo do céu, e que guardavam rigoroso silêncio e não estavam sujeitos à doença nem à velhice. Este episódio é uma hibridação de duas aventuras de Dhu Al-Qarnayn: a da ilha dos monges, que se alimentavam tão somente de peixes e ervas que Deus lhes reservava, e a da ilha dos sábios, que dizem a Dhu Al-Qarnayn como Deus pôde outorgar-lhes a eterna duração nesta vida e a isenção de qualquer enfermidade.

Em uma nova ilha São Brandão e seus monges veem enormes videiras das quais pendiam monstruosos cachos, de grãos como maçãs, um dos quais seria suficiente para saciar sua fome e sua sede. O precedente indiscutível desta fábula está nas monstruosas videiras que os *ahadith* islâmicos colocam no paraíso; "Qual é o tamanho de seus cachos?" – perguntou um discípulo a Muhammad; "Como a distância percorrida por um corvo que voasse um mês sem descansar"; "E qual é o tamanho de seus grãos?"; "Como o de um jarro grande". "Então, com um só grão poderei me fartar, eu e toda minha família", "E também tua tribo inteira".

Em seguida, São Brandão encontra uma desmesurada coluna de cristal claríssimo, que surgindo do fundo do mar, parecia tocar o céu, e tinha em torno de si algo como um enorme pavilhão, feito endividar-se de redes muito largas, de uma substância cor de prata. Duas descrições análogas podem ser observadas na narrativa islâmica de Salomão: uma é a do pavilhão de cristal, que o rei vê surgir do mar e do qual sai um jovem que lhe narra a vida de devoção que ali leva; outra, a do palácio aéreo de cristal, que os gênios construíram para Salomão.

No país dos condenados, São Brandão encontra Judas, sentado sobre uma rocha em meio ao oceano, com aspecto de profunda tristeza. Esta narrativa cristã é uma simples adaptação de outras islâmicas, que têm por tema o suplício de Caim, que é pintado nelas inclinado sobre um poço, esforçando-se para alcançar a água com sua mão, sem conseguir, e em vão implorando aos caminhantes que lhe deem de beber.

O último episódio notável na navegação de São Brandão é o encontro com um ermitão chamado Paulo, que vive sobre um recife no meio do mar, alimentado milagrosamente por uma cotovia há cento e quarenta anos, e que ali permanecerá vivo até o dia do juízo final. Este episódio não pode ser totalmente explicado pela história de São Paulo, primeiro ermitão, já que este viveu no deserto e não no mar, e de fato morreu. Há que se pensar em uma hibridação desta figura com a de Al-Khidr, profeta mítico do Islam, patrono dos marinheiros, que é imortal como Elias e que vive como ermitão marítimo sobre um recife, onde é alimentado com manjares que Deus lhe envia por uma ave, uma andorinha de longas asas.

Por último, São Brandão chega à ilha do paraíso, atravessando uma região tenebrosa, cujo solo está cheio de pedras preciosas e onde uma fonte dá origem a quatro rios em que correm leite, vinho, azeite e mel. A região tenebrosa, semeada de preciosas esmeraldas, não está ausente em nenhuma narrativa árabe de Dhu Al-Qarnayn. Os mesmos quatro rios aparecem no *Corão* (LXVII:16-17), regando os jardins do paraíso, com a única diferença de substituir o rio de azeite por um rio de água.

Tudo concorre, então, para a mesma conclusão, ou seja, a das origens orientais, e mais concretamente islâmicas desta narrativa, que Renan considerava como "a expressão mais completa do ideal céltico, como uma das mais admiráveis criações do espírito humano". Com mais acerto Labitte assinalou que "*le tour, l'imagination brillante et presque orientale que'elle décèle*", ou os bolandistas[165], que surpreendidos pelo hiperbólico das aventuras, classificaram-nas como *apocrypha deliramenta.*

A mesma conclusão poderia ser obtida da análise de outras viagens marítimas. Assim, na narrativa dos navegantes de Frísia, que Adam de Bremen narrava no século XI[166], os aventureiros chegam, depois de atravessar uma região tenebrosa do oceano, a uma ilha cujos habitantes se escondiam em cavernas durante o tempo em que o sol estava sobre o horizonte, ou seja, ao meio-dia, hora em que os aventureiros chegaram. Este episódio deriva paladinamente das narrativas que foram forjadas para comentar uma passagem do *Corão* (XVII:89), alusiva a uma fabulosa viagem de Dhu Al-Qarnayn "ao país em que o sol nasce sobre um povo – diz – ao qual nada demos para se abrigar de seu ardor".

---

165. Seguidores do padre jesuíta belga Jean Bolland (sécs. XVI-XVII). (N.T.).
166. Graf, I, 95.

6.
Outras narrativas

6.1. Narrativas de adormecidos[167]

São três as principais: 1ª, a dos três monges do monastério de Chions, que é italiana, do século XIV; 2ª, a alemã, do monge cisterciense Félix, também do século XIV; 3ª, a do jovem príncipe, que é italiana de origem e não anterior ao século XII. A estas três narrativas se agregam outras posteriores de menor relevo, como a navegação dos monges armoricanos, narrada por Godofredo de Viterbo, e que é uma imitação do tipo das de São Brandão e similares, e a narrativa espanhola de Santo Amaro, tão popular ainda entre nosso vulgo.

Os caracteres comuns a todas elas são:

1º) os protagonistas visitam o paraíso terrestre, e ao regressar a seus lares acreditam que sua ausência durou poucas horas ou breves dias, quando na realidade transcorreram longos anos, ou até séculos;

2º) em consequência, os protagonistas ficam espantados ao constatar as mudanças nas construções, pessoas e coisas;

3º) são conhecidos, mas ninguém os reconhecesse e nem os compreende, senão que, pelo contrário, são tomados por loucos ou ébrios;

4º) mas, finalmente, conseguem demonstrar sua personalidade, quer pelo testemunho de algum venerável ancião que vagamente se recorda de seu nome e de sua desaparição, quer pela ajuda de antigos livros de memórias em que guardam informações sobre sua existência.

167. Graf, I, 87 – 92.

Havia dois grupos de narrativas no Islam, desde o século VIII de nossa era, baseadas no mesmo tema. As do primeiro grupo, forjadas para comentar um texto corânico (III:261), narram que Esdras (ou Jeremias), tendo escapado do cativeiro da Babilônia, chega, montado em um asno, com um odre de suco de uvas e uma cesta de figos, para contemplar as ruínas de sua pátria, cujo espetáculo o faz duvidar de que Deus possa restaurar a cidade e o templo. Então, amarra o asno e adormece, e Deus o faz morrer durante cem anos, ao fim dos quais o ressuscita. O anjo Gabriel lhe pergunta por quanto tempo dormiu, e ele responde que por um dia, ou menos; Gabriel lhe diz que foram cem anos, convidando-o a ver como o asno, os figos e o vinho estão intactos, como se não houvesse transcorrido tanto tempo. Em seguida Esdras volta à sua pátria, onde é reconhecido milagrosamente por uma velha de cento e vinte anos, que havia sido criada de seus pais, ou graças ao conhecimento que Esdras tinha da Torá.

O segundo grupo de narrativas também foi forjado sobre um texto do *Corão* (XVIII:8-24), o qual, por sua vez, depende de uma narrativa cristã-siríaca: a dos sete adormecidos de Éfeso. Segundo estas tradições, sete nobres cristãos de Éfeso, durante a perseguição de Daciano, refugiam-se em uma caverna, onde dormem por trezentos anos, ao fim dos quais despertam, acreditando que só havia transcorrido um dia. Um deles vai à cidade para comprar mantimentos e a encontra completamente transformada. A moeda de Daciano que ele usa para comprar pão torna-o suspeito. Conta sua história, mas ninguém acredita nele, até que, por fim, reconhece-o um neto seu, ancião, cego e doente. Então, o povo visita os adormecidos ressuscitados em sua caverna, e ele em seguida morrem definitivamente e são sepultados com grande veneração.

O problema da relação entre estas narrativas islâmicas e as cristãs medievais apresenta pontos obscuros sobre os quais não é fácil decidir. Guidi[168] demonstrou que as narrativas muçulmanas dos sete adormecidos dependem de uma cristã-siríaca, forjada no século VI de nossa era e no Oriente; mas nesse mesmo século consta que passou ao Ocidente por uma tradução latina, que São Gregório de Tours inseriu em um de seus livros hagiográficos. Agora vejamos: poderão ter nascido essas narrativas cristãs medievais sem influência das islâmicas, apenas por contágio desta versão latina? Como explicar, então, que esta versão latina permanecesse por mais de seis séculos sem exercer influxo algum na gênese de narrativas similares e que, de repente, ao chegar o século XIII, todo um ciclo de narrativas nascesse daquele suposto gérmen, por tanto tempo infecundo? Este é o problema a resolver no que tange à influência da narrativa dos sete adormecidos sobre estas outras do século XIII. Mas, resta sempre o outro grupo de narrativas islâmicas, as que têm Esdras ou Jeremias como protagonista, as quais derivam remotamente de modelos rabínicos, que não consta em nenhum caso que tenham passado à Europa cristã.

6.2. Narrativas do repouso dos réprobos

Desde o século VI de nossa era, a eternidade das penas infernais havia se cristalizado como dogma católico da Igreja universal, em virtude da declaração solene do Concílio de Constantinopla. Por isso é muito estranho encontrar no século XI algumas narrativas cristãs, populares no Ocidente, cujo tema essencial é a suspensão ou repouso do suplício que sofrem os réprobos no inferno[169]. Já vimos, na narrativa da *Visão de São Paulo*, como dito tema tinha nela sua primeira aparição; mas ali advertíamos que esse repouso era anual, na primitiva redação grega, enquanto já é semanal em suas redações latinas, desde o século XII. A diferença é capital para explicar a

168. Guidi, *Sette Dormienti...*, 444.

169. Graf, I, 241-260.

gênese destas últimas redações por contágio islâmico, já que tal crença em um repouso semanal tem sua plena justificação na dogmática muçulmana, enquanto carecia de todo fundamento na cristã, e muito mais na ocidental, onde foi sempre mais unânime a doutrina da eternidade das penas.

Mas onde o contágio islâmico não admite dúvida é em outra narrativa cristã, posterior à visão paulina e narrada no século XI por São Pedro Damião, e no XII por Conrado de Quefurt e Vicente de Beauvais. Segundo esta narrativa, no território vulcânico de Pozzuoli, perto de Nápoles, acreditava-se que existia a boca do inferno, em uma caverna rodeada de águas negras e fétidas. Todos os sábados, ao anoitecer, saíam de ditas águas uns horríveis pássaros negros, que vagavam por aqueles lados estendendo as asas e com os bicos cuidando das penas, até a madrugada de segunda-feira, quando voltavam a submergir na caverna. E era uma crença geral que aquelas aves negras eram as almas dos condenados, que durante tal lapso de tempo gozavam de repouso em seus suplícios.

O repouso do suplício dos réprobos durante a sexta-feira, dia festivo no Islam, era doutrina universal da igreja muhammadiana. Presumia-se mesmo que as almas dos mortos regressavam, neste dia, do outro mundo para este, e por isso se considerava esse lapso de tempo como especialmente meritório para a visita aos cemitérios.

E, além disso, a encarnação das almas dos condenados em pássaros negros que surgem, o dia do repouso, das águas e em uma região próxima ao mar, são detalhes pitorescos de uma narrativa islâmica que parece ser tipo ou modelo das narrativas cristãs. Trata-se daquela atribuída a Abi Ausaid (século VIII), e relatada por Ibn Abi Al-Dunya no século IX:

> Um homem, em Ascalom, à margem do mar, perguntou a Abi Ausaid: Ó Abu Amer! Nós vemos pássaros negros que saem do mar, e quando chega a noite, regressam, mas já brancos. E eu lhe

> disse: e vós compreendeis o que são esses pássaros? Respondeu-me: Sim. E eu acrescentei: Nas entranhas desses pássaros estão as almas dos homens da laia do Faraó, que são expostos ao fogo infernal, que os queima e lhes enegrece as penas. Logo essas penas caem e eles regressam aos seus ninhos, onde o fogo volta a queimá-las. E assim continuarão até o dia do juízo, no qual será dito: colocai essa laia de Faraó no mais terrível dos tormentos.

Lembremos também que o mito da alma santa, ou do espírito angélico, encarnado em aves brancas, já vimos que era de origem muçulmana.

Estreitamente vinculado com o tema da suspensão do suplício infernal está o da mitigação da pena por restituição de dívidas. Graf estuda também algumas narrativas cristãs inspiradas nesta ideia[170], como a narrada por Cesário de Heisterbach, no século XIII: um soldado, que está no inferno, aparece diante de alguém e roga a ele que comunique a seus filhos seu desejo, de que restituam ao dono aquilo que dele roubaram, pois assim poderão aliviá-lo do castigo que sofre. Entretanto, era crença islâmica que a dívida não paga detém ou impede a alma em sua ascensão ao céu. Abundam os *ahadith* nos quais Muhammad nega o valor às súplicas e orações em prol da alma devedora, ou nos quais Muhammad ordena a um filho do falecido que pague a dívida paterna para obter a mitigação da pena. Sobre esses *ahadith* foram criadas narrativas que têm uma grande semelhança com a de Cesário de Heisterbach.

Finalmente, a mitigação, já não das penas expiatórias do purgatório, mas das penas infernais, por meio de orações, jejuns, esmolas, etc. foi, como observa Graf, uma crença popular na Europa medieval, apesar da rigidez com que a Igreja católica e seus mais autorizados teólogos afirmavam o dogma da eternidade daquelas

---

170. Graf, I, 251.

penas, já que nessa rigidez cabalmente que se baseava a diferença entre o inferno e o purgatório. Não é possível desconhecer a força que os motivos emocionais da teologia do sentimento – assim chamada por Graf – tem para provocar, às vezes, na psicologia do vulgo, reações inconscientemente heterodoxas contra a rígida inflexibilidade das teses dogmáticas; mas isso não anula o fato de que um certo contágio da escatologia muçulmana, muito mais benevolente, permissiva e branda que a católica quanto ao dogma da eternidade das penas, tenha contribuído para o nascimento dessa crença.

É sabido, de fato, que só os infiéis e politeístas são condenados pelo Islam ao inferno eterno; o crente, o muçulmano, por pecador que tenha sido, sempre chegará a ver o final de seu suplício, que pode ser abreviado em virtude das súplicas por sua alma.

6.3. Narrativas do debate entre anjos e demônios pela posse da alma

Foi tema vulgaríssimo em todas as literaturas populares da Europa cristã medieval o juízo contraditório da alma, simplesmente morrer, para dar lugar a que a sentença de seu eterno destino seja cumprida. Graf, em seu *Demonologia di Dante*[171], e Batiouchkof, em seu estudo *Le debat de l'âme et du corps*[172], resumiram os tópicos essenciais que integram a maioria das narrativas cristãs sobre o tema. São os seguintes:

1º) toda alma tem, durante sua vida, um ou mais anjos e demônios para guardá-la e tentá-la, respectivamente;

2º) no momento da morte, anjos e demônios disputam e lutam pela posse da alma;

---

171. Miti, II, 103-108.

172. Romênia (1891), 41 e ss.

3º) a discussão ou debate se baseia, algumas vezes, no cotejo de dois livros: o das virtudes, que os anjos apresentam, e o dos pecados, apresentados pelos demônios;

4º) outras vezes, no processo intervém como testemunhas as mesmas virtudes e vícios personificados; 5º, muitas vezes os membros do cadáver acusam a alma por seus próprios pecados;

5º) finalmente, é utilizada uma balança também para decidir o debate;

6º) o desenlace consiste em arrebatarem a alma os anjos ou os demônios, segundo o resultado do juízo contraditório.

O primeiro e o segundo dos sete tópicos tinham suas raízes no dogma católico da custódia angélica, embora apareçam adornados com traços pitorescos e unidos com o quarto e o quinto tópicos, que apenas encontram precedentes na escatologia cristã. Por outro lado, no Islam, todos são muito frequentes. O caráter muçulmano do sexto tópico, o mito da balança, já foi suficientemente evidenciado no estudo de outras narrativas. Portanto, reproduziremos apenas alguns *ahadith* nos quais se encontram o quarto e o quinto tópicos, que não podem ser explicados por precedentes cristãos e que, por outro lado, são comuns no Islam, que os tomou, assim como também o sexto tópico, da escatologia zoroastrista. O terceiro tópico deriva dos textos corânicos nos quais são mencionados os dois livros ou registros em que os anjos vão consignando as virtudes e vícios de cada homem para exibi-los como provas no juízo. O sétimo é o desenlace obrigatório do debate.

O hadith no qual estão presentes o quarto tópico, citado por Ibn Abi Al-Dunya (século IX): "Ninguém morre sem que lhes apareçam personificadas suas boas e más ações. Que o moribundo afaste seus olhos destas e fixe-os naquelas". Em outro *hadith* análogo é apresentada à boa alma a sua oração, que é colocada à sua direita; seu jejum, à esquerda; o *Corão* e a oração, à sua cabeça; a virtude de ir à mesquita é colocada aos seus pés; a paciência frente às adversidades é colocada atrás de seu túmulo. Deus envia à alma, então, o seu castigo, personificado; mas, sucessivamente, cada uma das virtudes o rechaça, e não encontrando lugar de acolhimento, vê-se forçado a seguir.

O *hadith* em que entra o quinto tópico, citado por Samarqandî (século X) como sendo de Muhammad: nele são descritas as cenas do julgamento do adúltero diante do tribunal divino; o réu se apresenta com uma mão presa ao pescoço por uma ígnea corrente, e imediatamente começa a ser ouvida a acusação, feita pelo órgão do próprio adúltero, que diz, diante de Deus:

> Em tal mês e em tal lugar, cometi tal pecado. Mas o réu, indignado, rechaça a acusação, dizendo: Senhor! Eu jamais te ofendi. O Senhor, então, impõe silêncio à língua mentirosa. Mas naquele momento começam a falar os membros. A mão diz: Deus meu! Eu toquei o proibido. E o olho acrescenta: eu olhei o ilícito. E o pé exclama: eu caminhei em busca do que é vedado. E o membro sexual acusa: eu cometi o pecado. E os anjos da guarda o confirmam, um deles acrescentando: eu o vi; e o outro: eu o coloquei por escrito. E a terra grita: eu o vi. E Deus conclui: eu soube e me calei. Tomai o réu, ó anjos meus, e lançai-o ao lugar de meu castigo e fazei-o sentir o gosto de minha indignação, pois grande é a minha cólera contra aquele que tão pouca vergonha teve.

A conclusão que espontaneamente flui dessa copiosa soma de elementos islâmicos, inseridos nas narrativas cristãs precursoras da *Divina Comédia*, é esta: antes que o poeta florentino redigisse sua obra mestra, existia já em toda a Europa cristã um caudal riquíssimo de concepções poéticas populares sobre a vida ultraterrena, que não tinham nascido por geração autóctone cristã, mas por contágio da literatura escatológica do Islam, já que alguns desses traços pitorescos e mitos poéticos careciam de precedentes próximos e até remotos na escatologia cristã, como filhos que eram de outras religiões orientais, a egípcia e a zoroastriana principalmente. O Islam, em estreito contato com essas religiões, os havia assimilado, e fundidos com outras concepções suas, os havia transmitido à literatura cristã ocidental.

O nexo, então, de filiação entre o poema dantesco e a literatura muçulmana de além-túmulo fica estabelecido por duplo e mais apertado laço. Dante Alighieri nos aparece agora dependendo do Islam para a concepção de seu poema em dois sentidos: indiretamente, devido aos elementos islâmicos que existem nas narrativas de seus precursores cristãos; e diretamente, pelos elementos islâmicos que, sem existir em ditas narrativas, existem na *Divina Comédia*.

IV.

Probabilidade da transmissão dos modelos islâmicos à Europa cristã em geral e a Dante em particular

1.
Introdução

Todo problema de imitação, para ser resolvido com a certeza moral que cabe aos problemas históricos, exige uma abordagem prévia e uma solução escalonada para três questões que sempre o integram: 1ª, entre a suposta cópia e seu hipotético modelo: existem analogias ou semelhanças em quantidade tamanha e de qualidade tão típica que seja moralmente impossível explicá-las por mera casualidade ou por derivações paralelas de um modelo comum? 2ª, uma vez estabelecida esta relação de analogia estrita entre os dois fatos ou objetos comparados: pode-se demonstrar a anterioridade cronológica do suposto modelo, no que diz respeito à sua cópia ou imitação? 3ª, o autor da suposta cópia pôde conhecer o modelo hipotético e simpatizar com ele, ou, pelo contrário, consta que entre ambos existisse um abismo tão profundo de separação física e moral, um tal divórcio quanto ao espaço e ao espírito, que a comunicação resulte moralmente impossível?

Destas três questões, as duas primeiras – *semelhança* e *anterioridade* – foram suficientemente respondidas em nosso estudo. Ambas são, além disso, a verdadeira chave do problema. A terceira, por outro lado, sem deixar de ter sua importância, é de interesse mais acessório: ainda que os dados que a história nos conservasse acerca da comunicação entre o modelo e a cópia fossem vagos e incertos, não por isso perderiam sua força comprobatória as analogias e semelhanças entre eles observadas, sobretudo quando estas semelhanças são tão típicas, tão concretas e estritas e, além disso, tantas em número, que moralmente não podem ser atribuídas à casualidade.

E este é o caso de nosso problema. Porque caberia atribuir, ou a coincidência fortuita, ou a derivações paralelas e independentes de um modelo cristão em comum, as semelhanças gerais que entre o dantesco e o islâmico se atribuem na solução do problema teológico da vida futura, as comuns ideias ou doutrinas que integram ambas as concepções escatológicas. Mas quando essas doutrinas aparecem cobertas pela mesma roupagem artística, quando as ideias se esvaziaram em idênticos moldes imaginativos, quando a fantasia as encarna em símbolos idênticos, adornados com traços descritivos semelhantes, já então não cabe aceitar a hipótese da coincidência casual. Porque supor que do infinito número de imagens e símbolos possíveis tenham nascido, sucessiva e independentemente em duas fantasias artísticas, duas representações sensíveis da vida ultraterrena (que é uma realidade extrassensível), adornadas com os mesmos traços descritivos, é pretender um milagre, contrário às leis matemáticas que regem o cálculo das probabilidades. E neste caso, ainda seria forçoso admitir como possível que Dante, unicamente por seu esforço mental, concebera em poucos anos a mesma representação fantástica da vida futura que o povo muçulmano foi forjando trabalhosamente através de vários séculos, por lenta colaboração evolutiva de seus tradicionalistas, místicos e poetas. Tamanho prodígio de originalidade seria insustentável, sem uma demonstração positiva, por parte daqueles que o admitissem, os quais haveriam de explicar-nos por sua vez, como e por que se consumou na pessoa de Dante esse fenômeno milagroso.

Mas que não pareça que pretendemos eludir, por força da dialética, as armadilhas do problema total, e abordemo-lo francamente: 1º, puderam os povos da Europa cristã adquirir por seu contato com o povo muçulmano algum conhecimento de suas crenças e concepções escatológicas? 2º, mais concretamente: pôde Dante Alighieri documentar-se para a redação de seu poema, aproveitando-se direta ou indiretamente de fontes muçulmanas? 3º, existem sintomas que revelem naquele certa inclinação e simpatia por ditas fontes?

2.
Comunicação entre o Islam e a Europa cristã durante a Idade Média

O Islam, depois de conquistar os países asiáticos vizinhos ao seu berço, estendeu-se rapidamente pelo Norte da África, Espanha e sul da França, e Itália, sem excluir de sua dominação algumas ilhas mediterrâneas, como as Baleares e a Sicília. O contato das duas civilizações, cristã e islâmica, produz-se logo, no Oriente e no Ocidente, por condutos constantes, normais e nada ocultos.

Sem contar a comunicação pela guerra – cuja influência no conhecimento mútuo entre os povos beligerantes é bem notória – e pelo comércio, sobretudo o marítimo, não demorou a estabelecerem-se estreitas relações econômicas entre cristãos e muçulmanos. Havia expedições que partiam do mar Cáspio e, atravessando a Rússia, chegavam pelo mar Báltico à Dinamarca, às Ilhas Britânicas e à Islândia. A descoberta de enormes quantidades de moedas árabes em vários pontos desta zona comercial prova-nos a importância deste primeiro conduto de comunicação, anterior ao século XI[173]. Mais tarde, navios venezianos e genoveses, assim como também muçulmanos, percorriam o Mediterrâneo, fomentando o intercâmbio dos produtos da Europa cristã com os dos países islâmicos. Benjamim de Tudela, no século XII, descreve em seu *Itinerário* os mercados de Montpellier, Constantinopla e Alexandria.

Ao estímulo econômico se unia o ideal religioso. As peregrinações aos Santos Lugares se entrelaçam desde o século VIII, graças ao protetorado franco sobre as igrejas cristãs do Oriente e aos convênios diplomáticos. Algumas peregrinações, que alcançaram a fabulosa cifra de doze mil peregrinos, são já um anúncio das Cruzadas, que

173. Babelon, 33-47 e passim.

permitem dispensar maiores reflexões sobre a íntima e duradoura comunicação que se estabelece entre o Islam e a Europa cristã durante os séculos XII e XIII. A organização administrativa, de aduanas, militar, até de costumes, os manjares e os trajes dos orientais foram adotados pelos príncipes francos, assim como pelos cavaleiros que chegavam à Síria vindos de todas as regiões da Europa. E quando o fracasso das Cruzadas traz como reação a ideia da pacífica conquista das almas pela predicação e pela catequese, um novo laço de comunicação espiritual com o Islam se estabelece, desde o século XIII, mediante as missões de freis franciscanos e dominicanos[174].

Mas o contato mais interessante e relevante para nosso objeto é o que uniu o Islam com a Europa cristã na Sicília e na Espanha. Na Sicília, uma dinastia de reis normandos se instala e perdura até o século XIII, em um país quase que completamente islamizado. A corte do rei normando Rogério II, em Palermo, era formada de cristãos e muçulmanos, bilingues e trilíngues, vacilantes entre duas ou três confissões religiosas, versados na literatura árabe e na ciência grega. O rei se enfeitava à oriental, com luxuoso manto generosamente bordado com letras kúficas, mantinha um harém e se cobria com um guarda-sol, à imitação dos califas fatímidas do Egito; seu cozinheiro, sua guarda, seus ministros, seus médicos e seus astrólogos eram muçulmanos; seu selo, suas moedas e seu cerimonial eram imitados das cortes islâmicas. E na academia científico-literária que fundou, colaboraram, entre outros sábios árabes, judeus e gregos, geógrafos muçulmanos tão célebres como Idrisi, o Africano, e polígrafos como o espanhol Abu Salt de Denia, médico, filósofo e poeta[175].

Mas é sob o longo reinado de Frederico II, rei da Sicília e Imperador da Alemanha, quando a corte de Palermo se assemelha

---

174. Brehier, 20-50, 89-100; 211; 354.

175. Amari, III, parte 2ª, 365, 445 e ss.

em todos os seus aspectos a uma corte muçulmana. Aquele imperador filósofo, livre-pensador e poliglota, cercava-se de muçulmanos, como professores e colaboradores, como cortesãos, oficiais e ministros; trazia para seu entretenimento, bailarinas e dançarinos sarracenos; mantinha um harém na Sicília e outro na Itália, cuidados por eunucos à moda oriental, e até a túnica com a qual foi sepultado ostentava, bordada em ouro, uma inscrição arábica. Ele reuniu grande quantidade de manuscritos árabes na Universidade de Nápoles, que fundou em 1224; fez traduzir Aristóteles e Averróis, enviando cópias a Paris e Bolonha; protegeu os sábios muçulmanos, e, inclusive manteve correspondência com os mais célebres filósofos do Islam, entre outros, o célebre sufi murciano Ibn Sabin, cujo sistema teológico-místico estava estreitamente aparentado com o de Ibn 'Arabî. Em sua própria corte – um escândalo para os papas e outros reis cristãos – nasceu a escola poética siciliana, a primeira que usou a língua vulgar e da qual parte a tradição literária nacional da Itália, formada por trovadores cristãos que, na língua vulgar nascente, tratavam de emular a habilidade artística dos trovadores árabes, aos quais Frederico II pagava para que louvassem, em seu idioma, as empresas imperiais. Ainda que só se admita o contágio externo da moda, sem influxo interno algum na técnica dos trovadores sicilianos, bastaria este fato como sintoma de outras imitações literárias[176].

Mas o foco de cultura islâmica da Sicília se empalidece e até se eclipsa ao compará-lo com o mais brilhante foco aceso na Espanha medieval. O país da Europa que primeiro entrou em contato íntimo com o Islam foi nossa pátria. Durante um longuíssimo lapso de cinco séculos, desde o VIII ao XIII, no qual o poeta florentino vem ao mundo, as duas populações cristãs e muhammadianas conviveram na guerra e na paz.

---

176. Amari, III, 2ª, 589-711; 888-890.

Os moçárabes são o laço que primeiramente uniu ambos os povos. Já no século IX, cristãos de Córdoba consideravam elegante o uso da língua árabe, desdenhando o uso da latina, e se vestiam como muçulmanos, mantinham haréns e se circuncidavam; deleitavam-se com a literatura e a teologia islâmicas, e até competiam com os muçulmanos na poesia árabe. As lamentações de Álvaro de Córdoba em seu *Indiculus luminosus* são bem demonstrativas neste ponto.

E o contágio foi se intensificando e se estendendo ao longo do tempo. Os mesmos moçárabes de Toledo empregavam a língua e a escrita árabes de seus opressores para a redação de instrumentos públicos, contratos, testamentos etc., ainda depois da reconquista da cidade de Toledo por Afonso VI, em princípios do século XII. E os moçárabes andaluzes, que fugiam das perseguições religiosas ou viajavam com fins literários e mercantis, levavam consigo os reflexos da cultura islâmica que conheciam[177] aos seus irmãos do norte da Península e, ainda, aos do resto da Europa.

Outro elemento de comunicação eram os *eslavos*, nome genérico com o qual os muçulmanos designavam a um grande número de escravos galegos, catalães, franceses, alemães, lombardos, calabreses, russos, etc., que ocupavam os mais altos cargos na corte, no exército e na guarda pessoal dos emires de Córdoba, já desde antes do século X; escravizados desde a infância e muçulmanos sem exceção, é de crer que alguns, não obstante sua elevada posição e fortuna, sentissem os anseios por sua pátria de origem e retornassem a ela em sua velhice[178].

À medida que a Reconquista progredia, os *mudéjares*[179], ou muçulmanos submetidos, iam substituindo os moçárabes na função

177. Simonet, 216-219, 252, 273, 292, 346, 368, 384, 690. Gómez Moreno, 105 – 140.

178. Ribera, Disc. Ac, Hist, 40-45.

179. Referência à designação dos mouros que permaneceram na Espanha após a Reconquista. (N.E.)

de transmissores da cultura islâmica. Os reis deram logo palpáveis mostras de uma inteligente política de atração do elemento *mudéjar*, contribuindo com ela para a mais rápida e fácil adoção da civilização muçulmana. Os enlaces matrimoniais dos reis castelhanos e aragoneses com muçulmanos foram frequentes. Afonso VI, o conquistador de Toledo, assim como seus sucessores homônimos, Afonso VII e Afonso, o Sábio, marcam o auge desta política de atração.

A corte do conquistador de Toledo, casado com Zaida, filha do rei mouro de Sevilha, assemelhava-se a uma corte muçulmana: o monarca mantinha uma chancelaria árabe e cunhava moeda semelhante à muçulmana; os cristãos se vestiam conforme os usos mouros e o nascente romance[180] castelhano preenchia seu caudal léxico com vozes arabes; na vida mercantil, nas artes e ofícios manuais, na organização municipal, nos costumes agrícolas, a influência dos *mudéjares* era imponderável[181].

Em Toledo, no século XII, o arcebispo Raimundo começa a fomentar a tradução das obras mais célebres da ciência árabe; toda a enciclopédia de Aristóteles, comentada ou compendiada por Al-Kindi, Al-Farabi, Avicena, Al-Gazali e Averróis, as obras magistrais dos matemáticos, astrônomos e médicos gregos, comentadas e ampliadas por Alcuarismi, Albatani, Avicena, Averróis, Rasís, Alpetrágio, foram vertidas do árabe para o castelhano em Toledo por mediação de intérpretes *mudéjares* e judeus, que logo cristãos doutos traduziam para o latim, não só espanhóis, mas também estrangeiros que afluíam à corte toledana vindos dos mais remotos países da Europa. Entre eles conhecem-se os nomes e trabalhos como o do

---

180. Grupo de idiomas relacionados, todos derivados do latim vulgar e formando um subgrupo da família de idiomas indo-europeus. Os principais idiomas da família incluem o francês, o italiano, o espanhol, o português e o romeno, todos idiomas nacionais. (N.E.)

181. Ribera, Orígenes Justicia, 19 – 84. Fernández y González, 224 e passim.

arquidiácono de Segovia, Domingo González; do senhor de canonicato toledano Marco; do judeu convertido Juan de Sevilla; dos ingleses Robert de Retines, Abelardo de Bath e Daniel de Morlay e Miguel Escoto, com seu intérprete Andrés, o Judeu; dos alemães Hermann, o Dálmata, e Hermann, o Alemão; do italiano Gerardo de Cremona, etc., etc. [182]

Educado neste ambiente de cultura semítica desde sua infância, Afonso, o Sábio assume a direção suprema destes trabalhos de tradução, e sem abandonar a orientação sábia e erudita da escola de tradutores toledanos, intensifica-a fazendo traduzir novas obras de Física e Astronomia, ao lado de outras de caráter mais popular e menos técnico, pertencentes à literatura recreativa, moral, histórica e religiosa. Já durante a vida de seu pai Fernando, o Santo, e por sua ordem, foram redigidos livros de apólogos morais, como os *Libros de los doce sábios* e *Flores de Filosofia*, em que se inicia o influxo oriental. Afonso faz traduzir, no mesmo gênero, *Calila y Dimna*, *Bocados de oro*, *Poridad de poridades*; redige ou faz redigir obras de jogos orientais; escreve seu *Grand e General Estoria,* no qual inclui fontes árabes, e manda traduzir o *Corão* e os livros talmúdicos e cabalistas[183].

Os avanços da reconquista ofereciam, além disso, ao rei sábio um novo campo para ampliar sua política de difusão da cultura árabe. Em Múrcia, sendo ainda governador nos tempos de seu pai, conhece o famoso filósofo Muhammad Al-Ricuti, e pasmo com seu saber, constrói uma escola para que nela explique a mouros, judeus e cristãos[184]. O fato não era novo: Ibn Sahl ensinava em Baeza, em 1158, aos mouros e cristãos que iam de Toledo para ouvi-lo, e, no

---

182. Jourdain, 95 – 149.

183. Jourdain, 149 – 151; Fernández y González, 154 – 159; Amador de los Ríos, III, cap. 9 – 12.

184. Almacari, II, 510.

tempo de vida do mesmo Afonso, Ibn Lope discutia pacificamente em Málaga com os eclesiásticos. Estes casos de tolerância devem ter dito ao rei que desse forma oficial à fusão de ambas as culturas, mediante a fundação, em Sevilha, de um estúdio e escola geral de latim e de árabico, onde, ao lado de professores cristãos, havia professores muçulmanos para ensinar a medicina e as ciências[185]. Esta universidade interconfessional é todo um sintoma da estreita relação que os dois povos haviam estabelecido na primeira metade do século XIII.

3.
Transmissão das narrativas escatológicas do Islam à Europa cristã e a Dante

Por qualquer dos condutos aludidos pôde chegar à Europa cristã, até a seus mais remotos países, o conhecimento das narrativas e *ahadith* de além-túmulo que eram tão populares em todo o Islam. As narrativas precursoras da *Divina Comédia*, nascidas na Irlanda, Escandinávia, França, Alemanha ou Itália, nas quais encontramos traços pitorescos de estirpe muçulmana, mostraram-nos serem imitações ou adaptações de modelos islâmicos, introduzidos na Europa por peregrinos, cruzados, mercadores, missionários, aventureiros normandos, eslavos, sábios viajantes, etc. A hipótese da imitação – uma vez demonstrada a possibilidade do contato entre o modelo e a cópia – assume já caráter de certeza moral, indispensável e suficiente em matéria histórica.

Porque é preciso lembrar que, enquanto a maioria das narrativas cristãs precursoras da *Divina Comédia* são posteriores ao século X, os *ahadith* islâmicos são muito anteriores a esta data e, até o século IX

---

185. Amador de los Ríos, III, 496; Ballesteros, docs. 67 e 109; Lafuente, I, 127 – 130.

– quando foram organizadas as coleções críticas de Bukhari e Muslim – foram transmitidos oralmente, o que contribuiu para a sua maior vulgarização e para o mais rico florescer de outros novos. E ainda após o século IX, sua popularidade não diminui, graças à irresistível atração que as narrativas de além-túmulo exerceram sempre sobre as multidões, e por considerar-se, no Islam, obra meritória o fato de aprendê-las e transmiti-las. Os mestres de *ahadith* se contam aos milhares, e pessoas de todas as idades e condições empreendiam longas viagens para ouvi-los e aumentar o caudal de sua erudição religiosa.

E a Espanha foi precisamente o país muçulmano em que maior hipertrofia alcançaram os estudos tradicionais, talvez devido à intolerância dos *alfaquis*[186] diante de toda novidade racional ou filosófica. No século IX a Espanha passava por ser a morada das tradições proféticas. Milhares de muçulmanos aproveitavam sua peregrinação a Meca para compilar todo tipo de *hadith*, que logo eram transmitidas não apenas literalmente, mas também comentados com retóricos adornos, formando coleções que serviam ao povo como manuais devotos de meditação para os novos fiéis e como tema de sermões para os sufis. A literatura muçulmana de além-túmulo – cuja peça mais importante é a narrativa do *mi'raj*, que também tinha o mérito de fazer parte da biografia do Profeta – tinha uma difusão incomparavelmente maior do que aquela que poderia ter alcançado o folclore religioso de qualquer povo da terra, e tinha, forçosamente, que revelar-se ao povo cristão, que convivia com o muçulmano, infiltrando-se por exosmose espiritual através da tênue barreira que separava ambos os povos quanto aos temas escatológicos. E, efetivamente, apesar da pobreza de informações que os escritores medievais cristãos nos deixaram sobre as crenças islâmicas, podemos assegurar que, desde os seus primeiros sé-

186. Especialistas ou doutores em leis islâmicas.

culos, os cristãos espanhóis tiveram notícia dessas narrativas islâmicas de além-túmulo e, em especial, da narrativa do *mi'raj*.

Já nos primeiros anos do século IX os moçárabes de Córdoba inserem em seus escritos apologéticos informações bastante concretas sobre *ahadith* muhammadianos [*qudsî*]. Álvaro de Córdoba, em seu *Indiculus luminosus*, São Eulógio, em seu *Memoriale Sanctorum*, e o abade Esperaindeo, em seu *Apologético contra Mahoma*, aludem repetidas vezes a certas histórias "*leves et risu dignas*", obra do profeta impostor, que, ou narram sua vida e milagres, ou descrevem o sensual paraíso prometido a seus crentes. Em seu *Apologeticus martyrium*, São Eulógio insere um resumo da biografia de Muhammad, que denuncia um conhecimento não comum do *Corão* e dos *ahadith*, e afirma não ser necessário descer a detalhes em matéria que todo mundo podia conhecer diretamente.

Facilmente se compreende, depois disto, quão natural era que os cristãos espanhóis conhecessem bastante em pormenores os traços principais de vida de Muhammad, e, portanto, a narrativa do *mi'raj*. No monastério de Leire, situado em Navarra, ou seja, em um ponto bem distante de Córdoba, foi onde São Eulógio encontrou a mencionada a biografia de Muhammad. Desta maneira se explica que na Espanha tenha sido onde, pela primeira vez, quer dizer, desde data mais remota, passe às literaturas ocidentais. E assim, consta que em 1143, e por ordem de Pedro, o Venerável, abade de Cluny (1092 – 1156), foi redigida em Pamplona uma versão latina do *Corão*, obra do arquidiácono daquela catedral, Roberto de Retines, eclesiástico inglês que havia colaborado com a escola de tradutores do arcebispo Raimundo. E o mesmo Roberto acrescentou a essa versão uma *Summa brevis contra haereses et sectam sarracenorum*, escrita com fontes árabes, e onde não é crível que se omitisse a versão do *mi'raj*, ainda que, por não nos ter chegado completa esta obra polêmica, seja impossível garantir taxativamente.

Mas resta-nos um documento redigido no mesmo século: a *Historia arabum*, do arcebispo de Toledo, Rodrigo Ximenez de Rada, que viveu entre 1170 e 1247, e que assegura que sua narração utiliza "*ex relatione fideli et eorum scriptus*". No capítulo V desta obra, intitulado *De Sublimatione Mahometi in regem et de jussionibus mendaciter excogitatis*, é inserida à risca a narrativa do *mi'raj*, que o autor assegura ter extraído do livro segundo de Muhammad, que não pode ser outro senão a coleção canônica de seus *ahadith*, cuja autoridade é inferior à do *Corão*, considerado pelo arcebispo como o livro primeiro do Islam. E, de fato, essa redação do *mi'raj* é quase idêntica às redações A e B do ciclo segundo, que analisamos na primeira parte do nosso estudo, tomando-as do *Sahih*, ou coleção de *ahadith* autênticos de Bukhari ou Muslim.

A narrativa certamente conseguiu, entre as pessoas que somente entendessem as línguas da Espanha, uma maior difusão ao ser incluída na *Crónica General* ou *Estoria d'Espanna*, que redigiu ou mandou redigir Afonso, o Sábio, entre 1260 e 1268. Nela, ao chegar aos eventos do quinto ano do reinado de Sisebuto, intercala-se a narrativa do *mi'raj*, seguindo literalmente a redação latina do arcebispo Dom Rodrigo, ainda que introduzindo pequenos acréscimos, que dependem de outras fontes árabes, quiçá populares, e alterando às vezes o sentido por negligência ou ignorância do tradutor.

No final do mesmo século XII, outro documento demonstra o quanto foi disseminada já entre os cristãos espanhóis a narrativa muhammadiana. Estamos nos referindo à *Impunaçion de la seta de Mahomah*, escrita em Granada, durante seu cativeiro, pelo bispo de Jaén, frade a soldo, São Pedro Pascual. Nascido em Valência, de pais cativos ou moçárabes, no ano 1227, não é de se estranhar que usasse a língua árabe, que lhe havia de ser utilíssima em seu ofício de redentor de cativos, desde que professou na nascente Ordem das Mercês, aos vinte e três anos de idade. Com o objetivo de fomentar o desenvolvimento de seu instituto, teve que fazer uma viagem a Roma, onde, por sua sabedoria e zelo religioso, causou a admiração do Pontífice Nicolau IV. Nomeado bispo de Jaén em 1296, foi colocado em cativeiro no ano seguinte pelos mouros de Granada, e até 1300, quando sofreu o martírio, escreveu, entre outros livros de consolo e catequese para seus companheiros de cativeiro, o trabalho apologético contra o Islam, cujo título mencionamos anteriormente.

Sua erudição islâmica não é negligenciável. A cada passo cita textos do *Corão* e os *ahadith* muhammadianos das coleções autênticas, cujos títulos transcreve com bastante correção, chamando-os *Al-Hadith* algumas vezes e outras *Moslimi*, por referir-se à coleção canônica de Muslim. Também alude, em uma ocasião, a um livro do paraíso e do inferno, que é sem dúvida um compêndio de *ahadith* escatológicos e, outras vezes, menos concretamente, cita "livros escritos dos mouros" que, a julgar por seu tema, deveriam ser também centenas de narrativas de além-túmulo. Porém, o mais interessante para nosso objeto é que em várias passagens cita ou aproveita um livro árabe, cujo título transcreve, *Elmiregi, Miragi, Miraj, Elmerigi*[187], no qual, sem grande esforço se adivinha ser a narrativa do *mi'raj* ou ascensão de Muhammad, ou, segundo São Pedro Pascual explica, "*el libro de que fabló en cómo subió a los cielos*", "*el libro que fabla en cómo Mahomad subió, así como él dize, fasta el cielo, do está Dios, e que flabló con Dios, e vio el paraíso, e el infierno, e a los ángeles, e a los diablos, e las penas del infierno, e los deleytes del paraíso*". Mas não se limita a citações incidentais deste livro: ao chegar ao capítulo VIII da parte primeira da *Impunación*, insere na íntegra a narrativa do *mi'raj*, com seus fabulosos episódios e maravilhosas visões, que o

187. Interessante aqui ver como Asín Palacios já antecipava a existência dos manuscritos do *Livro da Escada* de Afonso X, que viria a ser descoberto posteriormente, como consequência da polêmica ao redor de seu trabalho, e publicado em 1949, cinco anos depois de sua morte, como se explica na introdução deste livro. (N.T.)

santo qualifica graciosamente de "fantasias, vaidades, mentiras, troças e fabulazinhas". Cotejado o texto que o santo utiliza com as várias redações da narrativa, é possível assegurar que se trata de uma redação do terceiro ciclo, no qual a viagem noturna e a ascensão aparecem já fundidas em um relato contínuo, com a particularidade de que a ascensão propriamente dita está narrada de acordo com a redação C do ciclo segundo, quer dizer, aquela cujas visões paradisíacas se aproximam mais por sua espiritualidade do paraíso dantesco, e de que, além disso, inserem-se muitos *ahadith* sobre o juízo final, sobre o purgatório ou o *sirat*, sobre a topografia infernal e da vida paradisíaca, cuja semelhança com as descrições dantescas demonstramos longamente nas duas primeiras partes do nosso estudo.

Então, se a narrativa do *mi'raj* era conhecida na Espanha ao menos desde o século XIII, quão inverossímil é supor que transcendesse à Itália, cujas relações com nossa pátria eram tão estreitas e frequentes?

Acabamos de ver como São Pedro Pascual, perfeitamente documentado a respeito da narrativa, residiu em Roma por algum tempo, durante o pontificado de Nicolau IV (1288 – 1292). Sem dar a esse fato as proporções de um argumento, ninguém deixará de ver nele, pelo menos, um sintoma dos ignotos caminhos pelos quais a narrativa do *mi'raj* pôde chegar até o poeta florentino, que por aquele tempo amadurecia já em seu espírito o plano do divino poema, cuja primeira parte, o Inferno, ultimada até 1306, e que em 1301, um ano depois da morte de São Pedro Pascual, visitava a corte pontifícia, como embaixador de Florença, junto ao Papa Bonifácio VIII.

No entanto, é desnecessário recorrer a probabilidades tão vagas para explicar a transmissão da narrativa do *mi'raj* da Espanha à Itália. Dante teve como professor de literatura o retórico Bruneto Latini, que foi para ele, muito mais que um professor, o amigo respeitado e venerado, o conselheiro literário, o colega especialista que soube inspirar no florentino o amor ao estudo e à virtude. A afetuosíssima conversa que Dante mantém com Bruneto Latini ao encontrá-lo em sua visita aos infernos, desobriga-nos de ponderar sobre o amor, a veneração e o reconhecimento que sentia pelo seu mestre, e nos explica ainda o quanto o florentino acreditava dever aos seus conselhos, à sua direção e aos seus ensinamentos.

Agora vejamos: Bruneto, para a redação de seus livros *Tesoretto* e *Tesoro*, que são, respectivamente, uma pequena e uma grande enciclopédia do saber medieval, aproveitou as obras árabes de ciência que direta ou indiretamente pôde ter à mão. Sundby, o erudito dinamarquês que há meio século explorou as fontes do *Tesoro*, limitou suas pesquisas às fontes cristãs ou clássicas; mas em muitas passagens, das quais declara ignorar a origem, seria muito fácil topar com modelos árabes. Assim, por exemplo, poderíamos assegurar que a classificação da filosofia que encabeça o *Tesoro* é um esboço bastante fiel da de Avicena; que a versão da *Ética a Nicômaco*, de Aristóteles, usada por Bruneto, foi feita sobre um texto árabe e provavelmente na Espanha; que os bestiários ou coleções de narrativas zoológicas que utiliza são de origem árabe em grande parte; e, enfim, que os casos em que o próprio Bruneto cita autores orientais são um sintoma bem claro da origem análoga à qual devem ser atribuídos outros textos cuja filiação cristã ou clássica não pôde ser estabelecida.

Além disso, Bruneto deixou em seu *Tesoro* uma biografia de Muhammad que revela conhecimento não comum de alguns pormenores da doutrina muçulmana. Não podemos assegurar se nos vários códices italianos, ainda inéditos, do *Tesoro*, esta biografia de Muhammad conterá a narrativa do *mi'raj*; mas, ainda em caso negativo, ninguém poderá recusar como inverossímil a hipótese de que Bruneto conhecesse a narrativa e pudesse comunicá-la em pessoalmente ao seu discípulo.

E a presunção se faz mais verossímil quando se sabe que Bruneto pôde adquirir aquela cultura islâmica e árabe não, como outros, de segunda mão, mas sim convivendo com os mesmos tradutores toledanos e conhecendo e tratando pessoalmente com o rei Afonso, o Sábio. Consta, de fato, que em 1260, cinco anos antes que o poeta florentino viesse ao mundo, Bruneto foi enviado pelo partido guelfo de Florença, como embaixador, à corte de Afonso, o Sábio, que havia sido eleito imperador da Alemanha, para pedir sua ajuda contra os gibelinos, que eram defendidos por Manfredo, rei da Sicília. O fato conciso é suficiente para sugerirmos a profunda impressão que deve ter produzido no espírito culto e curiosíssimo daquele literato erudito o espetáculo brilhante daquela corte, plena de cultura islâmica, onde tinha ante os olhos o exemplo vivo dos tradutores e dos mestres cristãos e muçulmanos, que na escola toledana e na Universidade interconfessional de Sevilha redigiam, sem descanso, suas obras científicas e literárias, e que quatro anos antes acabavam de colocar em romance a *Historia arabum*, do arcebispo D. Rodrigo, que contém a narrativa do *mi'raj*. Não é, portanto, desatinada suspeita supor que o mestre de Dante Alighieri pudesse ser o veículo que transmitisse a seu discípulo alguns, uma vez que não todos, elementos islâmicos que em nosso estudo descobrimos dentro da *Divina Comédia*.

Conste, entretanto, que não saímos nem queremos sair do terreno positivo dos fatos documentados. Estes fatos – as semelhanças entre o divino poema e as fontes islâmicas – falariam por si sós com eloquência de sobra, ainda que não coubesse demonstrar por quais vias ocultas o contágio se realizou. O testemunho histórico, o documento escrito, caso exista, comprovaria as interferências baseadas nos fatos, mas não acrescentaria nem um grama de força à convicção científica engendrada pelas interferências, antes que o testemunho fosse descoberto.

4.
A inclinação de Dante pela cultura árabe comprova a hipótese da imitação

A mais estreita comunicação entre o modelo e o imitador não bastaria, entretanto, para determinar a imitação se um abismo moral os separasse, quer dizer, em nosso caso, se a diversidade de língua, de religião, de raça, de critérios filosóficos e de gostos artísticos, houvesse engendrado no espírito do poeta florentino aversão invencível à cultura árabe e em suas obras houvesse transparecido semelhante aversão e antipatia. Pois bem: todos os sintomas são exatamente do contrário. Vejamos.

Em primeiro lugar, Dante Alighieri foi um homem aberto a todo tipo de influências, tanto no científico como no literário. Os dantistas têm prazer em destacar essa receptividade universal de sua psicologia. Ozanam sublinhou, repetidas vezes, a curiosidade inesgotável e multiforme de seu grande espírito[188]. D'Ancona nos explica como soube conciliar em sua alma a inspiração com a tradição, a inventividade genial com a doutrina erudita, mostrando-se estudioso e conhecedor de tudo[189]. Umberto Cosmo, por fim, afirma que Dante foi um espírito receptivo, comparável a um mar que recebe suas águas de todas as partes; que se nutriu de toda a cultura de seu tempo e que, por isso, só aquele que saiba ressuscitar no ambiente dessa cultura conseguirá entender todo o valor de sua representação e toda a singular eficácia de suas expressões[190].

Estes juízos autorizados bastariam para estabelecer a priori que Dante não pôde excluir da esfera de sua universal curiosidade a cultura

---

188. Ozanam, 437, 467.

189. D'Ancona, 108 – 113.

190. Cf. "Rassegna dantesca" (apud Giorn. Stor. Della letter. Ital., 1914, 385, 390).

islâmica, de que a Europa medieval estava e ainda mais a trecentista estava saturada. Teria sido um fenômeno inexplicável que Dante tivesse desenvolvido sua vida mental à margem daquela cultura semítica que iniciava as nascentes literaturas da Europa Cristã na novelística, na fabulística, nas obras de paremiologia, de moralidades e de apólogos, e à margem da ciência árabe, que exercia atração irresistível sobre os sábios que chegavam à corte toledana, provenientes de toda a Europa. Poucas vezes terá existido tal unanimidade em reconhecer a superioridade cultural do adversário e em proclamar a adoção de seus métodos. Roger Bacon atribuía os fracassos militares das armas cristãs precisamente à falta de intensidade e entusiasmo em aprender as línguas semíticas e em imitar as aplicações das ciências físicas nas quais os muçulmanos eram mestres[191]. O grande Alberto Magno, criador da síntese escolástica, coincidia com Bacon em reconhecer a primazia dos filósofos árabes sobre os latinos[192]. Raimundo Lulio preconizava imitar os métodos muçulmanos de predicação popular, mais aptos, a seu juízo, que os cristãos em uso, para fazer chegar à devoção aos corações[193]. E, enquanto os sábios cristãos confessavam humildes sua inferioridade, os sábios muçulmanos a ratificavam: Ibn Hazm de Córdoba, em sua *Historia crítica de las religiones,* e Said de Toledo, em sua *Historia de las Ciencias*, no século XI, consideravam a mentalidade dos povos do norte da Europa como semelhantes à dos selvagens, por sua falta de cultura nativa nas ciências e nas artes, que resplandeciam no povo muçulmano espanhol.

Quando a tais extremos conduzia o prurido imitativo da moda nos pensadores cristãos do século de Dante, nada há de estranho que o poeta florentino demonstre certa afeição pela cultura islâmica.

---

191. Opus majus (ed. Jebe, 1733), 246.

192. Opera omnia (Lugduni, 1651), III, 3º, De anima, 166.

193. Ribera, *Llulio*, 193-197.

Por algum tempo se supôs que Dante tivesse o conhecimento das línguas semíticas, do árabe e do hebraico, principalmente; mas a indiferença se baseava em apenas dois versos da *Divina Comédia*, cujo sentido era e continua sendo um enigma, apesar das sutis agudezas e das tentativas com que a multidão de comentaristas se esforçou em decifrá-lo. Hoje parece predominar a opinião de que, com tais versos, Dante se propôs a simplesmente inserir umas tantas sílabas que não fizessem sentido nem formassem palavras de língua conhecida alguma. Mas também se confessa que nelas, sobretudo nas palavras colocadas na boca de Nimrod, há algo de semítico. Porém, ainda que dos escritos dantescos não se possa inferir que o poeta conhecia as línguas semíticas, tampouco se deduz que as ignorasse; cabe suspeitar, pelo menos, de que sobre elas e suas qualidades estéticas e de sua utilidade para a vida social possuía os indícios suficientes para compará-las com as línguas romances e para, de seu cotejo deduzir a inferioridade destas. Assim, em seu tratado *De vulgari eloquentia* confessa que "existem muitas outras regiões e cidades mais belas que a Toscana e que Florença, e muitas outras nações e povos que falam línguas mais deleitáveis e úteis que as dos povos latinos".

Não é preciso dizer que essa simpatia em relação ao semítico, não implica, mas exclui, toda suspeita de inclinação ao dogma muçulmano: a profunda e sincera convicção de sua fé cristã está fora de qualquer litígio. Trata-se de uma inclinação literária e científica, de um afeto pela cultura dos povos cuja religião abomina. Esta psicologia se revela em duas passagens típicas da *Divina Comédia*: Dante põe no limbo dois sábios muçulmanos, Avicena e Averróis,[194] e coloca no inferno o fundador da religião que estes dois sábios professaram, ou seja, Muhammad[195]. Mas nem mesmo esse ele condena como fundador de

---

194. Inferno, IV, 143, 144.

195. Inferno, XXVIII, 22-63.

uma religião positiva ou de uma heresia nova, como negador da Trindade e da Encarnação, mas simplesmente como semeador de cismas e discórdias, como conquistador que, com uso da violência, desatou os laços de fraternidade entre os humanos, colocando-o ao lado de outros causadores de insignificantes cisões religiosas ou civis, como frei Dolcino, Pedro de Medicina, Mosca degli Uberti e Bertran de Born, que apenas deixaram rastro nas crônicas da Itália ou da Inglaterra. E, ainda que seja certo que esse retrato tão benévolo dista muito da realidade, revela, pelo menos, um sentido histórico de que estavam alheios todos os historiadores cristãos de seu século, que teceram em torno da figura do fundador do Islam um acúmulo de fábulas absurdas, fazendo dele, ora um pagão, ora um cristão; chamando-o Ocin, Pelagio, Nicolás ou Muhammad; supondo-o iletrado, ou mago, ou estudante de Bolonha; fingindo que fosse árabe, ou espanhol, ou romano, e até mesmo membro da família dos Colonna; confundindo Muhammad com o seu mentor Bahira, o monge nestoriano, e fazendo dele, como deste, um diácono ou cardeal da Igreja católica, aspirante ao Papado e que, com tais fins, viaja para a Arábia, a partir de Constantinopla, Antioquia, Esmirna ou outras regiões da cristandade.

No entanto, a sobriedade e o silêncio de Dante ao retratar Muhammad em nada se relacionam com semelhantes fábulas e narrativas, e tampouco são frutos de sua ignorância, como nos prova o fato de nos apresentar o fundador do Islam junto com seu primo e genro Ali, sofrendo no inferno o mesmo suplício reservado aos que semearam cismas e cisões na humanidade. É vulgar hoje, ao menos entre as pessoas medianamente cultas em história universal, o significado de Ali na vida do Islam: é sabido como sua descendência, destituída do califado pelo uso da força, encontrou apoio e defesa na seita dos xiitas, que produziu no seio do Islam um verdadeiro cisma com características de heresia. Mas isto, que hoje nos parece vulgaríssimo e lógico, não podiam sequer concebê-lo os historiadores cristãos do século dantesco, para os quais o próprio Muhammad era um enigma, e mais ainda a personalidade histórica de seu primo Ali. Os primeiros comentaristas da *Divina Comédia* ficaram desorientados quando tentaram explicar a causa da condenação de Ali ao mesmo suplício que sofre o fundador do Islam. E este contraste entre a ignorância quase universal dos escritores cristãos sobre Ali e de seu papel dentro do Islam, comparada ao conhecimento exato do tema que Dante nos revela nesse breve episódio infernal, vale por toda uma prova de sua erudição islâmica.

Mas há mais: a figura de Ali aparece esboçada em traços sóbrios e realistas que não se devem à inventividade e nem ao capricho do poeta florentino: "À minha frente – diz Muhammad a Dante – vai Ali, chorando, com a cabeça aberta do crânio até a barba". Essa pintura é literalmente histórica: o quarto califa, segundo todos os cronistas muçulmanos, foi atacado sem que esperasse ao sair de sua casa para a mesquita, por Ibn Muljam, que de um só golpe lhe cortou o crânio com o seu sabre. E logo se forjaram narrativas, nas quais se colocava nos lábios de Muhammad a lúgubre profecia sobre o fim ao qual Ali estava destinado, e que descrevia sua efígie, moribundo, com traços idênticos aos dantescos: "Teu assassino – dizia-lhe Muhammad – dar-te-á um golpe sobre esta – e lhe tocava a cabeça – e o sangue da ferida molhará esta – e lhe tocava a barba".

A essa erudição histórica se soma outro sintoma de simpatia pelos mais ilustres sábios muçulmanos. Em suas obras menores em prosa, especialmente no *Convívio*, Dante cita repetidamente os nomes dos astrônomos árabes Abu Maxar, Al-Farghani e Alpetrágio, e dos grandes filósofos Al-Farabi, Avicena, Al-Gazali e Averróis. E tampouco deixa de aproveitar as teorias destes sábios, citando ou sem citar seus autores. Assim o demonstrou Paget-Toynbee[196], apontando que algumas passagens do *Convívio* e da *Vita Nuova* foram inspiradas na astronomia de Al-Farghani ou nas ideias de Averróis

196. "Dante's obligations to Alfraganus in the Vita nuova and Convivio", Romania, 95, pp. 413-432, 1895.

sobre as manchas lunares. O mesmo Dante confessa, em seu *De Vulgari Eloquentia*, ter lido livros de cosmografia, e é bem sabido que os livros árabes sobre este tema eram os mais comuns em seu século.

Assim é como compreendemos o juízo benévolo, injustificável dentro da teologia católica, que para Dante merecem homens como Saladino, Avicena e Averróis, aos quais coloca no limbo, apesar de ter vivido e morrido fora dos grêmios da Igreja católica e dentro da infidelidade positiva, ou seja, conhecendo perfeitamente a verdadeira religião e rechaçando-a *scienter et volenter*. E, sobretudo, tendo sido Saladino o maior e mais poderoso inimigo da cristandade, e sendo Averróis, naquele século, símbolo da incredulidade e do racionalismo na Europa cristã, o negador de toda religião positiva, que tachava de impostores os profetas e de falsa a revelação sobrenatural.

A simpatia de Dante pela ciência islâmica em geral e em particular por Averróis, explica também outro enigma, ainda mais obscuro, que foi solucionado pela sagaz erudição de Bruno Nardi em um recente estudo[197]. Aludimos à inexplicável presença no paraíso dantesco de um professor de Paris, Siger de Brabante, condenado como herege averroísta em 1277 e morto na Itália em 1284. Dante, apesar de tudo, coloca-o na esfera celeste do sol, na morada dos teólogos, junto a São Tomás de Aquino, seu inimigo irreconciliável – em cuja boca coloca ainda um elogio que é uma reabilitação –, Alberto Magno, São Isidoro de Sevilha, Dionísio Areopagita, Pedro Lombardo, Beda, Boécio, Santo Agostinho, etc. Como justificar tamanha audácia?

Nardi deu a chave deste enigma – no qual os dantistas esgotaram, sem êxito, todas as hipóteses do engenho para deixar a salvo a sinceridade cristã e a seriedade do poeta florentino – propondo de novo a questão das fontes da filosofia dantesca. Até agora, acreditou-se

---

197. "Sigieri di Bratante nella D. C. e le fonti della fil. Di Dante", Rivista di fil. neoescolastica, 1911-1912.

que Dante fosse um filósofo exclusivamente tomista; mas Nardi demonstrou que o poeta florentino, no conflito entre a filosofia árabe-neoplatônica de Avicena e Averróis e a teologia cristã, adotou uma atitude fideísta ou mística. Longe de ser um tomista incondicional, Dante é um escolástico, mas eclético, que aceita de todos os pensadores, antigos e medievais, cristãos e muçulmanos, ideias e teorias para fundi-las em um sistema pessoal, que ocupando um termo médio entre o tomismo e o avicenismo averroísta, se aproxima deste último mais que daquele em um grande número de problemas, como, por exemplo, a concepção de Deus como luz, cujos raios se difundem e atenuam à medida que se afastam do foco, a concepção da criação como uma emanação da luz divina em degradação, realizada por meio das esferas celestes, etc.. Nardi faz ver como estas ideias dantescas, ainda que possam ter alguns precedentes na tradição agostiniana, derivam antes da filosofia árabe-neoplatônica, e, mais concretamente, dos dois sistemas de Al-Farabi, Avicena, Al-Gazali e Averróis.

5.
As estreitas analogias entre Dante e o místico murciano Ibn ʻArabî também comprovam a hipótese da imitação

Em 1914, dois anos depois de Nardi, e independentemente de seu estudo (que eu desconhecia naquela data), eu havia vislumbrado a filiação *ishrâqî* e pseudo-empedocliana de Dante, pelo simples e superficial exame de algumas passagens do *Paraiso*, nas quais a doutrina metafísica da luz, essencial aos *ishrâqîs* muçulmanos, aparece exemplificada em símbolos próprios de iluminação, espelhos, círculos, centro, etc., com o que neles a nós se revela, para conceber a criação como uma emanação ou difusão da luz divina, cuja causa teleológica é o amor, e seus primeiros efeitos uma matéria e uma forma universais e incompósitas[198]. Dante era já então, para mim, mais um pensador – excepcional unicamente pelo esplendoroso brilhantismo de sua arte – dentro da escola ou direção iluminista[199], iniciada na Espanha muçulmana pelo cordobês Ibn Masarra e transmitida pelo judeu Ibn Gabirol, de Málaga, e por Ibn 'Arabî, de Múrcia, aos escolásticos da filiação que ficou conhecida como agostiniana, como Gundisalvo, São Boaventura, Guilhermo de Auvernia,

---

198. Asín, *Ibn Masarra*, 120-121.

199. Corbin lembra que foi justamente pela obra de Ibn 'Arabî que Palacios realizou seus estudos sobre Ibn Masarra. Destaca o peso do estudo sobre o fundador desta escola que prefere nomear "iluminadora". Seus fundamentos estão sobre a concepção de um *Orient des Lumières*, ou *ishrâqî*, "substantivo verbal que significa o esplendor, a iluminação do sol em seu nascimento, cuja noção de mostra sob um triplo aspecto: 1, podemos entender a sabedoria, a teosofia, da qual o *ishrâqî* é a fonte, como sendo tanto a iluminação e a revelação (*zohûr*) do ser, e o ato de consciência que, ao desvelá-lo (*kashf*), faz com que ele apareça (de fato, um fenômeno). Assim como no mundo sensível, o termo designa o esplendor da manhã, o primeiro brilho do astro, no Céu inteligível da alma ele designa o momento epifânico do conhecimento. 2, Em consequência, por filosofia oriental ou teosofia entendemos uma doutrina fundada na Presença do filósofo no aparecimento matinal das Luzes inteligíveis, na efusão de suas auroras sobre as almas em um estado de desprendimento de seus corpos. Trata-se, portanto, de uma filosofia que postula a visão interior e a experiência mística, de um conhecimento que, originado no Oriente das inteligências puras, é um conhecimento oriental. 3, podemos ainda entender este último termo como designando a teosofia dos Orientais (*Ishrâqîyûn = Mashriqîyûn*), ou seja, a dos Sábios da antiga Pérsia, não apenas por causa de sua localização na superfície da Terra, mas porque seu conhecimento era oriental no sentido de que se baseava na revelação interior (*kashf*) e na visão mística (*moshâhadat*). De acordo com o *Ishrâqiyûn*, esse também era o conhecimento dos antigos sábios gregos, com exceção dos discípulos de Aristóteles, que se baseavam apenas no raciocínio discursivo e na argumentação lógica". Corbin, H. *Histoire de la philosophie islamique*. Gallimard, Paris, França, 1986, p. 290. (N.E.)

Alexandre de Hales, Duns Scoto, Roger Bacon ou Raimundo Lulio. A sólida e bem documentada demonstração de Nardi veio depois afiançar minhas primeiras suspeitas, que logo foram se transformando em convicções, quando vi, reproduzidas na *Divina Comédia,* quase todas as construções artísticas dos reinos de além-túmulo que traçara um século antes o místico murciano Ibn 'Arabî, principal teorizador das ideias *ishrâqîs* de Ibn Masarra[200]. Eis aqui a nova exploração cujos horizontes se abrem de modo não previsto diante de nossos olhos, relativas às teses iluministas de Dante: derivarão de Ibn 'Arabî, mais do que de outros filósofos árabes cujos sistemas foram cotejados por Nardi?

Para mim, seria impossível resolver agora um problema que exige longas e minuciosas análises, e que, além disso, foge dos limites do que nos preocupa neste momento, reduzidos a buscar na psicologia do florentino sintomas de inclinação à cultura islâmica. Mas, sem descer a análises minuciosas, seria bem sugestivo um paralelo geral que insistisse, mais do que sobre as ideias comuns a ambos, sobre as imagens e símbolos que as expressam e plasmam, e sobre os procedimentos expositivos e recursos literários de que ambos se servem. Como já insinuamos, a coincidência no imaginativo é mais demonstrativa do que a semelhança nas doutrinas, ainda que seja claro que, se as ideias e as imagens coincidem, a convicção se faz mais firme.

No que tange às imagens, toda a metafísica da luz, essencial às ideias dantescas, aparece no sistema de Ibn 'Arabî plasmada em sím-

---

200. Em *La Escatologia* (1919) Asín Palacios comenta que a concepção do inferno, em formato de serpente enrolada – e como bem ilustra a pintura homônima de Sandro Botticelli anteriormente citada – também seria inspirada nos metafísicos *ishrâqîs,* em especial o sufi algarvio Ibn Qasi, de Silves (Portugal), cuja obra foi longamente resenhada por Ibn 'Arabî em seu *Fûtûhât.* (N.T.)

bolos análogos: Deus é uma luz pura, isenta de toda mescla de sombra ou escuridão. Seu influxo ou manifestação *ad extra* se exemplifica com os símiles luminosos da difusão, iluminação, reflexão e irradiação, tão típicos da fantasia dantesca. O exemplo do espelho, que o poeta florentino usa para dar realidade plástica ao influxo dos seres superiores nos inferiores, é também tópico em Ibn 'Arabî, assim como no caso da chama na candeia. O símbolo geométrico do círculo e seu centro, para representar o cosmos e seu princípio divino, são de linhagem *ishrâqî*, e tem em Ibn 'Arabî um emprego ainda mais reiterado que em Dante, originando em um e outro análogos paradoxos a relação entre a circunferência e seu ponto central. Tal como a luz é o símbolo de Deus e de suas manifestações, a escuridão é o símbolo da matéria. Opacidade e diafanidade, grosseria e sutileza, caracterizam, respectivamente, o corpo e o espírito, para Dante e para Ibn 'Arabî.

O paralelo será ainda mais sugestivo se da comparação entre as ideias e suas imagens nos pensadores passamos a cotejar os métodos de exposição a que ambos os recorrem. A cabala alfabética e numérica é uma preocupação de Dante em quase todas as suas obras, nas quais as propriedades ou virtudes secretas de vários números, ou o valor numérico de certas letras, combinado com seu valor ideológico, dão ao estilo dantesco um tom supersticioso e ocultista, exatamente análogo ao que Ibn 'Arabî soube imprimir em quase todas as suas obras prosaicas e poéticas, nas quais a superstição da cabala oferece uma solene seriedade magistral, que argumenta profunda e sincera convicção. Outra superstição comum a ambos os escritores é a astrologia judiciária. Dante rendeu tributo por sua credulidade às ridículas sutilezas da astrologia, declarando-se discípulo dos astrólogos muçulmanos, especialmente Abû Ma'shar. Ibn 'Arabî também abusou das sutilezas astrológicas, fundindo-as com a cabala das letras árabes. A personificação de entes abstratos – o espírito vital, o animal, o visivo, o natural etc. –, que sempre aparece na *Vita Nuova*, lembra o uso e o abuso da prosopopeia, com idênticos fins didáticos, no qual Ibn 'Arabî foi mestre. Por último, em algumas passagens autobiográficas da *Vita Nuova* e da *Divina Comédia*, Dante relata visões em sonhos, cuja interpretação mística propõe com quase religiosa solene seriedade. Ibn 'Arabî recorre às mesmas ficções, narrando um sem-número de devaneios, sob cujo véu descobre as mais elevadas ideias metafísicas.

De todas estas visões dantescas, é particularmente relevante uma da *Vita Nuova* (parágrafo XII). Dante vê em sonhos um jovem vestido com uma branquíssima túnica, que lhe diz: "*Ego tamquam centrum circuli, cui simili modo se habent circumferentiae partes; tu autem non sic*". E quando o poeta pede que o enigma lhe seja esclarecido, o jovem replica, em italiano: "*Non dimandar più che utile ti sía*".

Era popularíssima por demais entre os sufis a visão de Deus em sonhos com a imagem de um jovem. Em um *hadith* atribuído a at-Tabarânî (século IX) supõe-se essa visão em Muhammad: "Vi meu Senhor durante o sonho, sob a figura belíssima de um jovem imberbe, etc.". Ibn 'Arabî e muitos sufis admitem como autêntica a visão, ainda que lhe deem sentido alegórico por repugnar à simplicidade divina assumir um corpo, e o mesmo grande filósofo afirma que teve visões semelhantes. E apesar de que em nenhuma destas visões sejam colocadas na boca de Deus as mesmas palavras enigmáticas que Dante coloca na boca do jovem, é verdade que tais palavras - não explicadas por Dante e até incoerentes dentro do contexto de seu relato – têm uma interpretação plena e irrefutável dentro do simbolismo geométrico da metafísica de Ibn 'Arabî, segundo o qual a diferença essencial entre Deus e o mundo se exemplifica por meio do círculo e seu centro. Poderá dizer-se que esta exegese não é a chave indiscutível do enigma dantesco; mas não se pode negar que com ela este enigma adquire sentido.

Todas estas coincidências no uso dos mesmos recursos artísticos de caráter alegórico se acentuam de modo mais concreto ao comparar o *Cancioneiro* e o *Convívio* do poeta florentino com dois livros do místico murciano, concebidos segundo normas literárias análogas: *O intérprete dos desejos* e seu comentário intitulado *Os tesouros dos amantes*. Em primeiro lugar, a mescla das rimas com a prosa, que caracteriza o *Convívio*, era um recurso artístico usual em todas as obras de Ibn 'Arabî. Mas nenhuma como o comentário de *O intérprete dos desejos* coincide também com o *Convívio* no tema e na forma de expressão e na fábula ou ficção autobiográfica de que ambos os poetas fazem uso. Vejamos brevemente:

Em várias passagens do *Convívio*, Dante diz que seu propósito era declarar ou interpretar o sentido esotérico de quatorze canções suas que, por serem de temática amorosa, aos que haviam lido, tinham feito crer falsamente que nelas se tratava do amor sensual e não do intelectual. Para se livrar deste estigma de homem sensual, redige o *Convívio* como comentário de ditas canções, procurando levantar o véu alegórico em que está envolto seu significado literal. Por isso este comentário é duplo: o primeiro, sobre a letra de cada canção, e o segundo, sobre a alegoria. O sentido literal é o de um canto de amor por uma formosa donzela, cujos atributos físicos e morais louva e sobre os quais pondera. Mas, sob esta cortesia exterior, de um erotismo voluptuoso, Dante declara que o amor é ocultado pela ciência divina, personificada pela donzela: seus olhos simbolizam as demonstrações da sabedoria; seus sorrisos, suas persuasões; os suspiros do apaixonado são símbolo das lutas do espírito atormentado pela dúvida. E, assim, neste comentário alegórico, Dante desenvolve suas teorias metafísicas, astrológicas, políticas, morais e de psicologia mística. Finalmente, em várias ocasiões, Dante explica que o motivo pelo qual redigiu suas canções foi um encontro que teve, depois da morte de Beatriz, com uma gentil donzela, pela qual se apaixonou platonicamente, paixão que desafogou naquelas melancólicas rimas.

As poesias amorosas de Ibn 'Arabî no *O intérprete dos desejos*, e em seus comentários, *Os tesouros dos amantes*, surgem motivados por idêntica ocasião. No prólogo dos comentários o autor explica que, residindo em Meca, apaixonou-se pela filha do sábio doutor Zahir Ibn Rustem, natural de Isfahan, chamada *Harmonia*, e cujo sobrenome era *Olho do Sol*[201], donzela belíssima e graciosa.

"Eu consegui – prossegue – colocar em rimas algumas daquelas emoções de apaixonado amor que meu coração entesourava... Mas, além disso, em todos estes versos continuamente aludo às ilustrações divinas, às revelações espirituais, às relações com as inteligências das esferas, segundo é comum em nosso estilo alegórico... A causa que me moveu a redigir este comentário de minhas canções foi que meus filhos espirituais, Béder, o Abissínio, e Ismail Ibn Sawdakin, tinham ouvido de alguns doutores moralistas da cidade de Alepo que se negavam a reconhecer que em minhas canções se ocultassem mistérios teológicos, e acrescentavam que o mestre [quer dizer, Ibn 'Arabî] pretendia [afirmando isso] ocultar [seu amor sensual] pela fama que tinha de santidade e devoção. Comecei, pois, a comentá-las, e uma parte deste comentário foi lida, sob minha direção, pelo juiz Ibn Al-Adim, na presença de uns quantos moralistas. E, quando um daqueles que tinham me recusado crédito, ouviu-o lendo, arrependeu-se diante de Deus e retificou o juízo malévolo que tinha formado sobre os poetas místicos, suas frases galantes e suas canções eróticas, com as quais tentam expressar mistérios teológicos... E se para expressar tudo isto me servi da linguagem própria das poesias galantes e amorosas, foi porque os corações dos homens, aficionados como são a tais galanterias, haviam de se sentir assim mais atraídos a escutar minhas canções, escritas em linguagem própria dos poetas graciosos, espirituais e delicados.

Em seguida, Ibn 'Arabî entra na matéria em si, comentando uma por uma todas as estrofes em sentido alegórico. Sua amada é

201. Nizam Ayn ash-Shams wa Al-Baha.

símbolo da sabedoria divina. Seus seios virginais representam o doce néctar de seus ensinamentos. O sorriso de seus lábios significa as iluminações dessa mesma ciência sobrenatural. Seus olhos são símbolos de luz e de revelação. Os suspiros do amante por sua amada são a ânsia da alma, que tende a retornar a seu princípio, a se unir com o mundo espiritual. Impossível descer aqui a mais pormenores; mas todo o comentário está cheio de alusões a temas de moral, astrologia, cabala, psicologia mística, teologia, estética, etc.[202]

Esta coincidência do *Convívio* de Dante com os *Tesouros*, os comentários de Ibn 'Arabî, tem uma força sugestiva que não pode escapar à penetração dos dantistas, para explicar de um modo talvez definitivo as origens tão obscuras da poesia lírica italiana, conhecida sob o nome de *dolce stil nuovo*. Guido Guinizelli, Guido Cavalcanti e Dante Alighieri, contemporâneos os três, são os criadores desta nova escola poética, cujos caracteres essenciais (para além da forma métrica) são os seguintes: o tema de todas as canções é erótico; todas expressam a emoção amorosa – dulcíssima beatitude da alma extasiada ou aflição da alma dilacerada pela dor – experimentada pelo poeta a partir da visão ou da recordação de sua amada, analisando psicologicamente os complexos processos emotivos do amor. Os poetas disputam sobre o amor; sua natureza, causas e efeitos; distinguem as potências, faculdades e espíritos psicofisiológicos que intervêm na vida da alma, e, personificando-os, fazem com que falem e atuem como seres vivos e concretos. A mulher amada não é para estes poetas a fêmea com a qual a união sexual é o só o que é apetecível, mas uma imagem etérea e espiritual, casta e pudica, digna de ser amada platonicamente, com exclusão de todo apetite carnal, como meio de enobrecer moralmente a alma do amante. Esta imagem da mulher amada adquire uma dupla idealização: algumas vezes é um anjo do

---

202. Vossler, 199-236.

céu; outras, um símbolo da sabedoria divina, da filosofia; mas em ambos os casos a amada é o instrumento de que Deus se serve para inspirar nos amantes ideias e sentimentos nobres e sublimes.

Vossler colocou bastante em evidência a falta de precedentes clássicos e cristãos desta forma curiosa e nova – são suas palavras – de platonismo que não deriva imediatamente de Platão. Nem a doutrina da Igreja, nem Ovídio, nem Aristóteles explicam o nascimento de tal conceito idealista e romântico da mulher. E com um engenho e erudição mais admiráveis que convincentes, Vossler se esforça para preencher este vazio, recorrendo à psicologia da raça germânica e às suas ideias cavaleirescas, emancipadoras da mulher; ideias que se transformam em doutrina moral ao serem comunicadas às raças mais cultas da França meridional, e logo adquirem a forma de teoria psicológica e literária em mãos dos trovadores provençais e dos poetas italianos do *dolce stil nuovo*.

Mas todas estas complicadas transformações da psicologia social resultam inúteis diante deste fato flagrante: muito antes das primeiras etapas dessa longa e complexa evolução, à qual, segundo Vossler, foram submetidos os conceitos de fêmea e de amor na Europa cristã, o Islam oriental e, principalmente, o espanhol, haviam dado de si obras literárias em que o amor romântico da mulher apresenta caracteres idênticos aos que ostenta a lírica dos poetas italianos do *dolce stil nuovo*.

Eis que o preconceito tão vulgar que atribui à raça árabe uma psicologia sensualista está desmentido pelos fatos. A tribo dos Banu Udra, nome que significa "os filhos da virgindade", foi modelo de amor platônico, talvez por influxo dos monges cristãos da Arábia, cujo celibato e virgindade perpétua contrastavam tanto com as violentas paixões dos beduínos. "Sou de um povo que quando amam, morrem", dizia um deles. Jamil, outro de seus poetas, morreu louco de amor por Butayna sem ter posto as mãos nela. Urwa e sua amada Afra morreram por causa da força de sua paixão, nascida na infância e conservada até a morte sem detrimento da sua virgindade. O misticismo dos sufis, herdeiro direto do monasticismo cristão, atreve-se a colocar na boca de Muhammad esta sentença, pouco congruente com a vida e a doutrina do profeta: "O que ama e permanece casto e morre, morre mártir". E a literatura logo reflete estas novas correntes psicológicas. Ibn Daud de Isfahan, no século IX, defende o amor romântico em seu *Libro de Venus*. Ibn Hazm de Córdoba, no século XI, deixou-nos em seu livro *El collar de la paloma*, e em seu opúsculo moral, *Los caracteres y la conducta*, todo um tratado psicológico, literário e anedótico sobre a paixão amorosa, cheio de episódios autobiográficos, de historietas e de canções eróticas, nas quais brilha o mais delicado romantismo.

Mas ainda seria possível argumentar que, nestes casos, trata-se não tanto de continência ascética quanto de um refinamento estranho e decadente da sensibilidade erótica, fatigada e esgotada pelo abuso. Estamos, então, ainda muito distantes do conceito platônico da fêmea, idealizada como anjo e como símbolo da filosofia. A mistura híbrida, quase monstruosa, deste conceito, em sua primeira forma, tem sua explicação genética, a meu juízo, em uma elaboração idealista do grosseiro sensualismo do paraíso corânico. Os místicos muçulmanos forjaram precocemente narrativas escatológicas – a que já se aludiu no estudo do episódio dantesco do paraíso terrestre –, nas quais procuravam diluir e até mesmo suprimir as *huris* corânicas e substituí-las pela noiva celestial, pela donzela angélica, preparada por Deus como esposa para cada bem-aventurado, a qual é toda espiritualidade e amor casto. E mais tarde, quando os sufis acrescentaram ao ascetismo herdado do monasticismo cristão uma metafísica neoplatônica e panteísta, a idealização do amor sexual chegou, em suas mãos, à meta da sutileza e do rebuscamento. Acabamos de ver este fenômeno nas canções eróticas de Ibn 'Arabî, o mais sutil dos metafísicos da mística muçulmana. Nelas, a mulher amada é um mero símbolo da sabedoria divina, do intelecto emanado de Deus, e o amor com que é desejada é uma alegoria da união da alma mística com o próprio Deus.

Todos os sintomas de inclinação ou simpatia pela cultura islâmica que descobrimos nas obras de Dante, em suma, devem nos convencer de que sua psicologia, longe de ser refratária à imitação dos modelos científicos e literários do povo muçulmano, sentia-se inclinada a assimilá-los. Anteriormente demonstramos também o quão provável e fácil foi a transmissão destes modelos à Itália e ao poeta florentino. Nas duas primeiras partes do nosso estudo ficou minuciosamente comprovado o enorme caudal de elementos islâmicos que nos oferece a *Divina Comédia.* E na terceira parte se viu como também deriva da literatura islâmica a maioria das narrativas cristãs precursoras do poema dantesco. Aparentemente, pois, fica fechada a passagem a toda objeção séria e fundamental contra o fato da imitação, uma vez que constam a *semelhança* entre o modelo e a cópia, a *anterioridade* daquele em relação a esta e a *comunicação* entre ambos. A partir de hoje, já não acreditamos que se possa negar à literatura islâmica o posto de honra que lhe corresponde no soleníssimo cortejo dos precursores do poema dantesco. Ela, por si só, decifra mais enigmas sobre a gênese do poema do que todos aqueles outros precursores, considerados separadamente ou mesmo tomados em conjunto.

No entanto, através do longo caminho percorrido nesta exploração dos modelos islâmicos da *Divina Comédia*, um teólogo místico e requintado poeta espanhol, Ibn 'Arabî de Múrcia, foi se revelando, a cada passo, como o mais típico e sugestivo entre aqueles modelos, como a mais rica chave dos enigmas dantescos.Já não é possível ignorar a parte de glória que a este pensador hispânico, ainda que muçulmano, deve corresponder na genial empresa literária que Dante Alighieri realizou com seu poema imortal.

A gigantesca figura do inspirado artista florentino não pode perder, por isso, nem uma polegada da sublime grandiosidade que por suas obras alcançou aos olhos de seus compatriotas e de todos os homens, apaixonados por sua requintada arte. A admiração cega e irracional não é a mais digna homenagem aos gênios. O culto à sua memória, inspirado em um mesquinho critério de pátria ou de raça, não iria satisfazer aquele grande homem, cuja cultura imensa abarcou o que a ciência e a arte de seu século acumularam de tradicional e de novo, qualquer que fosse sua procedência, e que soube sempre colocar muito acima de seus afetos particularistas pela Itália e pelos povos latinos os altos ideais da Humanidade e da Religião, chamando a si mesmo, com orgulho, cidadão do mundo, proclamando a fraternidade humana como o primeiro princípio da vida política, e acertando ao infiltrar nos maravilhosos tercetos de seu poema um espírito universal e eterno de moralidade e misticismo, que fluía espontâneo do mais fundo de seu coração sinceramente cristão.

Esta divina religião, o Cristianismo, manancial perene de poesia e de espiritualidade, é a que definitivamente nos dá a chave genética do poema dantesco e de seus precursores, tanto cristãos como muçulmanos. Porque o Islam, digamos pela última vez, não é mais que um filho bastardo da lei mosaica e do Evangelho, cujos dogmas da vida futura assimilou, ainda que apenas parcialmente, e que, ao afastar-se de sua primitiva origem para conviver com todas as religiões e povos do Oriente, faltando-lhe o discreto freio do magistério infalível de um pontífice que pusesse limites à fértil fantasia dos fiéis na interpretação daqueles dogmas, de modo audaz decorou com todos os elementos imaginativos das escatologias orientais, cristãs e extra cristãs, além disso elaborados de acordo com sua inventividade pessoal, o simples, porém solene e severo, cenário da vida ultraterrena que o Evangelho esboça em suas páginas. E Dante, ao aproveitar para seu poema aqueles elementos artísticos que o Islam lhe oferecia e que em nada alteravam o fundo essencial e imutável dos dogmas evangélicos de além-túmulo, não fez, senão, devolver ao tesouro da cultura cristã do Ocidente e reivindicar para seu patrimônio, os bens que, ignorados por ela, jaziam nas literaturas religiosas dos povos orientais e que o Islam viria restituir, depois de havê-los enriquecido e ampliado com a sua genialidade.

Bibliografia

(original, consultada por Asín Palacios)

ALAALI, *Quitab alaali almauduat del* Soyuti, Cairo, imprenta Aladabía, 1317 hég.

AL MA'ARÍ, *Risalat Al-ghufran*, Cairo, Emin Hindie, 1907.

AL MACARI, *Analectes sur l'histoire et la littérature des arabes d'Espagne par Al-Makkari*, editora Dozy, Leiden, Brill, 1856 – 1860.

AMADOR DE LOS RÍOS, José, *História crítica de la literatura española*, Madrid, Rodríguez, 1861 – 1863.

AMARI, Michelle, *Storia dei musulmani di Sicilia*, Florença, Le Monnier, 1854 – 1868.

ASÍN, "La mystique de Al-Gazzali", extr. de *Mélanges de la faculte orientale de Beyrouth*, VII, 1914.

____, *Abenmassara y su escola. Origenes de la filosofia hispano-musulmana*, Madrid, Imprenta Iberica, 1914.

BABELON, Ernest, "Du commerce des arabes dans le nord de l'Europe avant les Croisades", tirage à part de L'Athénée Oriental, année 1882, num. 1er.

BALLESTEROS BERETTA, Antonio, *Sevilla en el siglo XIII*, Madrid, Pérez Torres, 1913.

BLOCHET, Edgard, "L'ascension au ciel du prophète Mohammed", extr. De la *Revue de l'histoire des religions*, Paris, Leroux, 1899.

________, "Les sources orientales de la Divine Comédie", apud. *Les littératures populaires de toutes les nations*, tome XLI, Paris, Maisonneuve, 1901.

BREHIER, Louis. *L'eglise et l'orient au moyen age: Les Croisades*, Paris, Lecoffre, 1907.

CARRA DE VAUX, Bernard, "Fragments d'eschatologie musulmane", apud *Compte rendu du troisième Congrés scoent intern. des catholiques (Scienc. relig.)*. Bruxelas, Schepens, 1895.

CHÁHID, *Quitab alhayauán*, Cairo, imprenta Attacádom, 1323 – 1325 hég.

CHAUVIN, *Bibliographie des ouvrages arabes ou rélatifs aux arabes, Liège, Vallant-Carmanne*, 1892 – 1913.

CORRA, *Corrat aloyún*, Al margen de TADSQUIRA.

COXAIRI, *Risala*, Cairo, Mustafá Elbabi de Alepo, 1318 hég.

DAJÁIR, *Quitab dajáir alalac*, Beirute, Imprenta Alonsía, 1312 hég.

D'ANCONA, Alessandro, *I precursori di Dante*, Florença, Sansoni, 1874.

_______, "Tesoro di Bruneto Latini versificato", apud *Atti della R. Accad. dei Lincei*, 1888 (clãs. di scienc. mor.), IV.

DANTE, *Opere minori*, ed. De Pietro Fraticelli, três vols., Florença, Barberà, 1908 – 1912.

EULOGIO, *Apologeticus sanctorum martyrium Eulogii presbyteri*, ed. de Ambrosio de Morales, Compluti, Iñiguez de Lequerica, 1574.

FERNÁNDEZ Y GONZÁLEZ, Francisco, *Estado social y político de los mudéjares de Castilla*, Madri, Muñoz, 1868.

FOTUHAT, *Quitáb alfotuhat almequía*, de Abenarabi, Cairo, ed. 2ª, 1293, hég.

FRATICELLI, Pietro. *La Divina Commedia di Dante Alighieri*, col comento di Pietro Fraticelli, Florença, Barberà, 1914.

GOEJE, Michael Jan de, "La légende de Saint Brandain", apud *Actes du VIIléme Congrés intern. des Orientalistes*, sect. 1ª, págs. 43 – 76, Leiden, Brill, 1891.

GÓMEZ MORENO, Manuel, *Iglesias mozárabes*, Madri, Centro de Estudos Históricos, 1917.

GRAF, Arturo, *Miti, legende e superstizioni del medievo*, Turim, Loescher, 1892 – 1893.

GUIDI, Igmazio, "Testi orientali inediti sopra i Sette Dormienti di Efeso", apud *Atti della R. Accad. Dei Lincei*, 1884, págs. 343 – 445.

IBN 'ARABÎ, *Libro del nocturno viaje (Quitab alisrá)* Bibl. R. de Berlim, num. 2.901/2 e de Viena, num. 1.908.

________, *El intérprete de los amores* (Tarchumán Al-axuac) Ed. Nicholson.

________, *Los tesoros de los amantes.* Ver DAJÁir.

IBN MAJLUF, *Quitab alolum alfájira*, Cairo, Benmorad el Turquí, 1317 hég.

IBN MASARRA, Ver ASÍN.

IHÍA, *Quitab ihía olum addin*, de Al-Gazali, Cairo, Ahmed Elbabí de Alepo, 1312 hég.

JOURDAIN, Amable, *Recherches critiques sur l'âge et l'origine des traduction latines d'Aristote*, Paris, Joubert, 1843.

KANZ, *Kanz alamal del Hindi*, Cairo, Imprenta Dairat-almaárif, 1312 hég.

LABITTE, Charles, "La Divine Comédie avant Dante", apud *Oeuvres de Dante Alighieri*, Paris, Charpentier, 1858.

LAFUENTE, Vicente de la, *Historia de las Universidades, colégios y demás establecimientos de enseñanza en España*, Madri, Fuentenebro, 1884 – 1889.

LANDINO, Christoforo, *Comedia del divino poeta Danthe Alighieri, con la dotta et leggiadra spositione di Christophoro Landino*, Veneza, 1536.

MÂLE, Emile, *L'art religieux du XIIe siècle en France*, Paris, Colin, 1902.

NARDI, Bruno, "In torno al tomismo di Dante e alla questione di Sigieri", extr. di *Giornale dantesco*, XXII, 5º, Florença, Olschki, 1914.

______, "Sigieri di Brabane nella *Divina Commedia* e le fonti della filosofia di Dante", extr. de la Rivista di filosofia neoscolastica, 1911 – 1912, Florença, San Giuseppe, 1912.

OZANAM, Antoine Fréderic, "Des sources poéthiques de la Divine Comédie", apud *Ouvres completes d'Ozanam,* tomo V, Paris, Lecoffre, 1859.

PORENA, Manfredi, *Commento gráfico alla Divina Commedia per uso delle scuole*, Milão, Sandron, 1902.

QUÍSAS, *Quitab quísas alanbiai* del Tsaalabí, Cairo, Mustafá Elbabí de Alepo, 1324 hég.

RIBERA, Julián, *Orígenes del Justicia de Aragón*, Saragoça, Comas, 1897.

______, *Discurso de recepción en la Real Academia de la Historia*, Madri, Imprenta Ibérica, 1915.

______, "Orígenes de la filosofia de Raimundo Llulio", apud Homenaje a Menéndez Pelayo, II, 191, Madri, Suárez, 1899.

ROSSI, Vittorio, *Storia della letteratura italiana per uso dei licei*, 5ª ed, Milão, Vallardi, 1911.

____, "Il dolce stil nuovo", apud *Lectura Dantis*, Florença, Sansoni, 1906.

SCARTAZZANI, G. A. *La Divina Commedia commentata da G. A. Scartanzzini*, 7ª ed. Milão, Hoepli, 1914.

SIMONET, Francisco Javier, *Historia de los mozárabes de España*, Madrid, Tello, 1897 – 1903.

SODUR, *Quitab xahr alsodur* del Soyuti, Cairo, Mustafá Elbabí de Alepo, 1329 hég.

SUNDBY, Thor, *Dell avita e delle opera di Bruneto Latini, trad. De Renier*, Florença, Successori Le monnier, 1884.

TADSQUIRA, *Mojtásar tadsquira del Cortobí*, por Axarani, Cairo, Mohámed Ramadán, 1308 hég.

VOSSLER, Karl, *Die Göttiliche Komödie. Entwickelungsgeschichte und Erklärung* (Heidelberg, 1907 – 1909). Tradução italiana de Stefano Jacini (Bari, Laterza, 1909 – 1914); *La Divina Commedia studiata nella sua genesi e interpretata.*

Impressão: *Psi7*
Papel: *Pólen Bold 90gr.*
Tipologia: *Adobe Garamond Pro*
Tiragem: *300 exemplares*
Impresso em maio de 2025